شناسنامه

جزء سی ام قرآن مجید

مُفَسِر

دکتور محمد فرید یونس

تابستان ۱۴۰۲ خورشیدی

تفسیر یونس
جزء سی ام

تحقیق و تفسیر قرآن مجید
به اساس
ایجابات و مقتضیات قرن بیست و یکم

معنی و تفسیر از
دکتور محمد فرید یونس
فرزند
مرحوم استاد محمد یونس مشهور به متخصص کیمیا
بانی اصول یونس برای سواد آموزی کلان سالان
۱۳۳۸ خورشیدی

بسم الله الرحمن الرحیم

پیشگفتار

تفسیر یونس جزء اول الی اخیر جزء ششم که به اساس ایجابات و مقتضیات عصر حاضر معنی و تفسیر شد، در ماه جون ۲۰۲۲ به نشر رسید و به استقبال نهایت گرم مردم دین دوست و خدا پرست ما قرار گرفت. دوستان نظر دادند که چون جزء سی ام شامل سوره های کوتاه است و در نماز های پنجگانه خوانده میشود، بهتر است همین جزء زود تر به دسترس دوستداران قرآن مجید و دین مبین اسلام قرار گیرد. این نظر نیک پذیرفته شد و اینک قبل ازینکه به معنی و تفسیر جزء هفتم بپردازیم، جزء سی ام را تقدیم عاشقان قرآن مجید و علم و معرفت می کنیم. به ارادهٔ خداوند اگر حیات باقی بود، ان شاء الله، جزء هفتم الی دوازدهم را هم خدمت شما تقدیم خواهیم کرد. قابل یادآوری است که مصارف چاپ و نشر این جزء هم توسط عزیزانِ که شش جزء اول را تمویل کرده بودند، تمویل شده است که تکرار از همه عزیزان تشکر و ابراز سپاس فراوان می کنم.

التماس دعا

دکتور محمد فرید یونس

مقدمهٔ جزء سی ام

جزء سی ام با سورهٔ نبأ آغاز می یابد. قابل یاد آوری است که جزء سی ام قرآن مجید در گذشته های دور، در ایالات متحده امریکا، تقدیم مردم مومن و دین دوست ما شده بود. بار اول در سال ۱۳۷۰ هجری خورشیدی مصادف به ۱۹۹۱ مسیحی از طرف انجمن فرهنگی مهاجرین افغانستان به همت مرحوم غلام حضرت کوشان و دستیاری پسر گرامی اش جناب محمد قوی کوشان توزیع شد. بار دوم به همت جناب الحاج عبدالقیوم قرغه در شهر سان دیاگو توزیع شد. چاپ سان دیاگو تاریخ نشر ندارد. هر دو نشریه مستقیم از تفسیر کابلی که در افغانستان بسیار رواج دارد نقل شده است نه اینکه جدید معنی و تفسیر شده باشد. تفسیر کابلی که از طرف حضرت شیخ الهند مولینا محمود الحسن دیوبندی تفسیر شده است در سال ۱۹۴۷ مسیحی در عهد سلطنت مرحوم محمد ظاهر شاه به زبان فارسی/ دری از اردو ترجمه و به زینت چاپ آراسته گردیده و بار بار تجدید چاپ شده است. همچنان جزء سی ام به زبان فارسی توسط مقامات عربستان سعودی زیرا عنوان « تفسیر جزء آخر قرآن کریم همراه با تفسیر مختصر سورهٔ فاتحه و آیت الکرسی از تفسیر ابن کثیر» با تقریظ و مراجعهٔ داکتر صالح ابن فوزان الفوزان در سال ۱۴۳۴ هجری قمری به نشر رسیده است. درین ترجمه و تفسیر بیان بعضی موضوعات اسلامی هم گنجانیده شده است که دید و بینش دانشمندان سعودی است و موضوعات عصر حاضر از نگاه ساینس و علوم امروزی دیده نمی شود.

جزء سی ام قرآن مجید که جزء آخری قرآن مجید است شامل سوره های کوتاه قرآن مجید است که اکثراً در نماز ها خوانده می شود و مسلمانان اکثر سوره های این جزء را از بَر دارند. این جزء شامل سی و هفت سورهٔ کوتاه می باشد که چهار سورهٔ آن مشهور است به نام المعوذتان یا معوذتین که چهار قُل هم گویند و عبارت اند سوره های کافرون، اخلاص، فلق و الناس می باشد که هر چهار سوره با « قُل » آغاز می یابد. یک عده علمای جهان اسلام تنها سه سورهٔ آخری قرآن مجید را معوذتین می گویند. همچنان طویل ترین سوره درین جزء سورهٔ نازعات است که شامل ۴۶ آیت است و کوتاه ترین سوره، سورهٔ کوثر است که شامل سه آیه است. سوره های عصر و نصر هم شامل سه آیه است و اما شمار واژه های قرآنی در سوره کوثر کمتر است و از همین

سبب کوتاه ترین به حساب می رود. در اصول نماز است که نماز در یک رکعت نباید از سه آیه کمتر خوانده شود. اولین آیهٔ که نازل شد یعنی اِقراء (سوره علق آیهٔ اول) در همین جزء است.

سوره های کوتاه در اخیر قرآن را مُفَصَّلات گویند. چون آیات منسوخ درین سوره ها کمتر دیده می شود ریاض القرآن هم نامیده می شود. همچنان سوره اخلاص که ممثل توحید خاص است در همین جزء قرار دارد.سورهٔ اخلاص در ختمانه های قرآن مجید خوانده می شود و به اساس حدیث پیشوای اسلام یک برسوم قرآن کریم محسوب میشود. سورهٔ مشهور قدر هم درین جزء آمده است که مسلمانان به شب قدر اعتقاد عمیق دارند و اکثریت مسلمانان سورهٔ قدر را از بَر دارند.

سُورَةُ النّبَا

مقدمه

سورهٔ نبآ که خبر بزرگ معنی میدهد سورهٔ هفتاد و هشتم قرآن مجید است. دارای چهل آیت است و سورهٔ مکی است یعنی در مکه نازل شده است. امام غزالی طوسی علیه الرحمه این سوره را در کتاب جواهر القرآن گوهر علم نامیده است. این سورهٔ شامل چهار بخش کاملا متفاوت است. اول توصیف از جهان هستی و مردم. دوم اشارهٔ از روز حساب. سوم عقوبتی که در انتظار مجرمین است و چهارم توصیف بهشت که در انتظار مومنان است. درین سوره از اهل ایمان دعوت شده تا به خداوند پناه برند. این سوره هم نبآ یاد می شود و هم سورهٔ عم. تلاوت آن ثواب زیاد دارد. حضرت رسول کریم (ص) فرموده است کسی که سورهٔ عم را بخواند و حفظ کند حساب او در روز قیامت چنان سریع انجام گیرد که به مانند خواندن یک نماز خواهد بود. نبآ از نگاه لغت شناسی از نبی هم آمده است. وقتیکه قرآن می گوید نبآ عظیم یعنی خبر بزرگ یا رسالت بزرگ که از حضرت محمد مصطفی (ص) است زیرا پیشوای اسلام در قرآن مجید رحمت العالمین یاد شده است. همچنان این سوره به مسایل علمی امروزی تماس میگیرد که شگفت انگیز است. در کتاب تعبیر خواب اسلامی میخوانیم که اگر کسی در خواب بیند که سورهٔ نبا میخواند پرهیزکار می باشد و نامش بلند و مشهور می شود.

بِسمِ ٱللهِ ٱلرَّحمَٰنِ ٱلرَّحِيمِ

عَمَّ يَتَسَآءَلُونَ (۱)

معنی: در باره ی چه از یکدیگرند می پرسند؟

تفسیر: انسان یک موجود کنجکاو است. همین کنجکاوی باعث اختراعات و اکتشافات زیاد در جهان انسانیت شده است. یکی از مسئولیت های انسانی درک حقیقت است مشروط بر اینکه برای درک حقیقت تلاش کند. اما این آیه سخن از آن موضوعاتِ دارد که از عقل آدمی بلند تر است مانند روز آخرت و روز حساب. مردم در مورد روز آخرت و روز حساب شک داشتند و نمیدانستند که قبول کنند یا خیر. در متون قبل از اسلام این موضوع روشن نبوده است و مردم مشوش بودند و در بارهٔ ان گفتگو میکردند.

عَنِ ٱلنَّبَإِ ٱلْعَظِيمِ (۲)

معنی: از خبر بزرگ.

تفسیر: قسمیکه درمقدمهٔ این سوره گفتیم نبآ نه تنها خبر بزرگ است، یک رسالت مهم و تاریخی است زیرا این آیهٔ کوتاه توجه بشریت را به معاد جلب می کند، موضوع که در قبل از اسلام درست درک نشده بود. پس آیه دو تفسیر دارد. یکی خبر مهم که همانا روز آخرت است و دوم رسالت بزرگ که پیامبر آخرالزمان مبعوث شده است. اهمیت روز آخرت تنها درین نیست که ما جوابگوی اعمال و کردار خود هستیم زیرا ما به این اعتقاد هستیم که خداوند بخشاینده و مهربان است و سختگیر نیست. اهمیت روز آخرت درین است که انسان را متوجه می سازد که بعد از مرگ هم، شما زندگی جاودانی دارید و مانند علف هرزه نیستید که خشک شود و باد بَرَد. و رسالت بزرگ این است که پیام خداوند تکمیل میشود. توحید به جامعهٔ بشری معرفی میشود و انسان مسئول همه اعمال و کردار خود میشود. یعنی رسالت پیامبر اسلام انسان را از هر گونه اسارت آزاد می سازد و انسان را خود مختار اعلام می کند.

ٱلَّذِى هُمْ فِيهِ مُخْتَلِفُونَ (۳)

معنی: همان که همواره در آن اختلاف دارند.

تفسیر: انسان ها در مسایل که از عقل شان بالاست همواره گفتگو می کنند و این موضوع تا امروز دوام دارد. توجه کرده باشید که در برنامه های تلویزیونی قرآن مجید را زیر سوال می برند. می گویند قرآن علم نیست و دروغ است(استغفرالله). رسالت محمد (ص) را زیر سوال می برند. یک موضوع را که این مردمان نه میخواهند بدانند که بسیار موضوعات در جهان هستی است که لاجواب است و راز آن نزد خداوند است. آنانیکه عمیق ایمان آورده اند مشکل ندارند. حقیقت را قبول کرده اند. اما آنانیکه خود را نشناخته اند و در ایمان خود به خداوند ضعیف هستند و حکمت خداوند را نمیدانند عقل شان به آن مرحله نرسیده است که روز آخرت را درک کنند و اعتقاد پیدا کنند که زندگی بعد از مرگ وجود دارد و این سخنان را همه بیهوده می پندارند.

كَلَّا سَيَعْلَمُونَ (٤)

معنی: زود است که بدانند.

تفسیر: قرآن، کتاب علم، حکمت، معرفت، هدایت و عدالت است و دانستن آن با اینکه به زبان مردم است، دقت، تعمق و تفکر میخواهد. معنی آیهٔ چهارم بسیار ساده است. یعنی زود است که بدانند. یعنی اگر تعمق نکنند زود است که به نتیجه برسند و به آخرت ایمان بیاورند. به روز بازخواست ایمان بیاورند. به زنده شدن بعد از مرگ ایمان بیاورند. قرآن انسان را به تفکر دعوت می کند نه اینکه عجولانه و دفعتاً کفر را قبول کند. با تفکر و تعمق و تدبر باید خدا را شناخت.

ثُمَّ كَلَّا سَيَعْلَمُونَ (٥)

معنی: چنین نیست که زود بدانند.

تفسیر: اینجا به مسلمانان و اهل ایمان خاطرنشان میکند که کفار و آنانیکه به قرآن مخالفت دارند زود ایمان نه می آورند و شاید هرگز ایمان نیارند. درین جا واژهٔ «زود» بدین معنی است که بسیار وقت شانرا میگیرد تا ایمان بیاورند. خداوند می داند که کی و درچه زمان یک شخص ایمان می آورد و اما درین جا برای مومنان یادآوری میکند که بسیار امیدوار نباشید و وقت تانرا ضایع نکنید که کفار ایمان بیاورند.

أَلَمْ نَجْعَلِ ٱلْأَرْضَ مِهَٰدًا (٦)

معنی: آیا کرهٔ زمین را زادگاه [برای مخلوقات] نکردیم.

تفسیر: مهد از نگاه لغوی در فارسی گهواره، بستر، زادگاه و آسایشگاه معنی میدهد. درین آیه هدف از زادگاه انسانی است که در کره زمین انسان زاده شده است. علم ساینس به ما می گوید یگانه سیاره ای که حیات بخش است زمین است. این آیه از نگاه ساینس امروز حایز اهمیت است. اول اینکه کرهٔ زمین یگانه سیاره منحصر به فرد در منظومهٔ شمسی است که درین کره، آب، اوکسیژن و نیتروژن که برای حیات ضروری است وجود دارد. از عمر زمین زیاد تر از ١٥ ملیارد سال میگذرد. زمین سومین سیاره در مدار آفتاب است و یگانه شیء نجومی که زندگی بخش است. با اینکه حجم زیاد آب در نظام شمسی پیدا می شود اما تنها زمین دارای آب سطح زمینی دارد یعنی که آب در روی زمین است. در حدود هفتاد و یک در صد زمین را ابحار تشکیل میدهد که ساخت دریا ها، بند ها و یخبندان قطبی را می سازد. بیست و نه در صد زمین خشکه است. وقتی ما این سیاره را از نگاه علم نجوم مطالعه می کنیم می بینیم که قرآن مجید به وضاحت می گوید که زمین را شما زادگاه قرار دادیم و

حـال میدانیـم کـه یگانـه سیاره در نظـام شمسـی کـه امـکان حیـات در ان مـی رود، زمین است. مرکبات، فلـزات و مـواد دیگـری کـه در زمین خلق شده است بخش جداگانـهٔ زمین شناسی است کـه بـرای استفاده و آسـایش انسـان است کـه ایـن همـه، مـا را بـه شناخت خداونـد و قـدرت او متیقـن مـی سـازد.

وَٱلْجِبَالَ أَوْتَادًا (٧)

معنی: و کوه ها را میخ های [زمین قرار ندادیم].

تفسـیر: یـک موضـوع علمـی دیگـر در زمین شناسـی کـه هـزار چهـار صـد سـال قبـل قرآن مجیـد بـه آن اشاره مـی کند. سـاینس امـروز فوایـد کـوه هـا را زیبا تشریح مـی کند. بایـد بدانیـم کـه درون زمین بسـیار داغ و سـوزان است. مـواد داخـل کـرهٔ زمین همیشـه در صـورت ذوب شـدن و در حال جوشیدن است. زمیـن توسـط لایحه هـای خـاک و سـنگ هـای بـزرگ همین جوش و خـروش کـه در درون زمین اسـت پوشـانده شـده است و از نظر پنهـان اسـت. لایحـه هـای روی زمین توسـط کـوه هـا بـه هـم وصـل هسـتند و بـا هـم چسـپیده انـد. کـوه هـا دریـن لایحـه هـا ماننـد میـخ هـا [اوتادا]فـرو رفتـه انـد و در زیـر زمیـن همدیگر را حمایـه مـی کننـد کـه زمیـن تکـان نخـورد. کـوه هـای زمیـن در اصـل بسـیار بزرگتـر از آن چیـزی اسـت کـه مـا مـی بینیـم. قسـمت زیـاد یـک کـوه اساسـاً در زیـر زمیـن اسـت نـه در روی زمیـن. یـک موضـوع شـگفت انگیـز کـه در موجودیـت کـوه هـا نهفتـه اسـت جریـان آب در روی کـوه هاسـت کـه باعـث روییـدن گیاهـان کوهـی میشـود کـه بـرای طبابـت بسـیار ضـروری و مفیـد اسـت. ایـن نباتـات در دیگـر مناطـق زمیـن نـه مـی روینـد مگـر بـالای کـوه هـا. کـوه هـا باعـث گردش آب در روی زمیـن مـی شـوند وقتی بـرف هـا آب مـی شـود و زمیـن هـای زراعتـی را مثمـر مـی سـازد. کـوه هـا از اهمیـت اقتصـادی خـارق العـاده برخـوردار اسـت چنانچـه اکثـر سـنگ هـای بـا ارزش از دل کـوه هـا اسـتخراج مـی شـود ماننـد زمـرد، یاقـوت و لاجَـورد.

وَخَلَقْنَاكُمْ أَزْوَاجًا (٨)

معنی: و شما را جوره جوره آفریدیم.

تفسیر: همـه مخلوقـات جوره جوره خلـق شـده انـد تـا مکمـل همدیگر باشـند. واژه زوج تنهـا بـرای انسـان نیسـت بلکـه همـه مخلوقـات اسـت. هیـچ موجـودی نیسـت کـه جـوره نداشـته باشـد. چـون جـوره در خلقـت مکمـل جـوره ای دیگـر اسـت پـس در انسـانیت زن و مـرد بـرای تکامـل همدیگـر خلـق شـده انـد و در خلقـت زن و مـرد تبعیـض نیسـت.

وَجَعَلْنَا نَوْمَكُمْ سُبَاتًا (۹)

معنی: و خواب شما را مایهٔ آسایش قرار دادیم.

تفسیر: یـك موضوع علمـی دیگـر كه قرآن مجیـد بـه آن اشـاره دارد. تحقیقـات علمـی نشـان میدهد كه خواب كافی سیسـتم ایمنی بدن را تقویـت مـی كنـد یعنـی باعـث جلوگیـری امـراض مـی شـود. خـواب خـوب بـرای تقویـت حافظه ضروری است. خـواب خـوب باعـث جلوگیـری از افسـردگی و اختـلالات روحـی میگـردد. خـواب انرژی مغـزی را بـرای كار و فعالیت بیشتر تقویت مـی كنـد. خـواب خـوب قنـد خـون را تنظیـم مـی بخشـد. خـواب كـه بـه شـكل اعتـدال باشـد از وزن بـدن میكاهـد. مطالعـات نشـان میدهـد كه خواب خـوب طـول عمـر را بیشـتر میكنـد.

وَجَعَلْنَا ٱللَّیْلَ لِبَاسًا (۱۰)

معنی: و شب را برای شما پوششی قرار دادیم.

تفسیر: تحقیقـات نشـان میدهـد كه خوابیـدن در تاریكـی بـرای بـدن از هـر نـگاه سـودمند اسـت. تاریكـی باعـث مـی شـود كـه بـدن بـه مغـز یـك علامه میدهد كه زمـان اسـتراحت فـرا رسیده اسـت و بایـد روشـنی را كـه باعـث بـر هـم خـوردن خـواب میشـود خامـوش كـرد. خوابیـدن در تاریكـی بـه نظـم قنـد خـون كمـك مـی كنـد زیـرا خوابیـدن در محیـط روشـن مقاومـت بـه اِنسُـولین را افزایـش میدهـد. خوابیـدن در تاریكـی شـب مغـز را آرام میكنـد. در امریكا بـا همـه پیشـرفت ساینس و دانسـتن موضوعـات از نـگاه علمـی، یـك عده زیـاد تشـبثات تجـاری از طـرف شـب كار میكننـد كـه بـرای صحـت خـوب نیسـت. خـواه مخـواه اسـتثناآت در زندگی هـای مـدرن وجـود دارد كـه آنهـا بایـد بـا وقـت زیـاد بـرای اسـتراحت اعاشـه شـوند ماننـد پرسـتار بیمارسـتان، طبیبـان، پولیـس و آتـش نشـانی یعنـی خدمـات عاجـل كـه بایـد شـب كار كننـد. در غیر آن دیگـران نبایـد طبیعـت خـود را معكـوس سـازند و شـبانه كار كننـد زیـرا شـبانه بـرای صحـت بسـیار مضـر اسـت.

وَجَعَلْنَا ٱلنَّهَارَ مَعَاشًا (۱۱)

معنی: و روز را برای كسب و كار شما گماشتیم.

تفسیر: بـه ادامهٔ آیـات قبلـی كـه در مـورد خـواب و خوابیـدن در شـب كـه همه نظـام هسـتی بـه خـواب مـی رونـد و چـون انسـان هـم جـزء همیـن نظـام خلقـت اسـت، انسـان هـم آرامشـش را در شـب بـه دسـت مـی آورد ؛ دریـن آیـه نشـان

میدهد که روز برای کسب و کار و فعالیت است. همچنان که در شب مغز آرام میشود در روشنایی روز مغز فعال میشود. مطالعات نشان میدهد وقتی روشنایی به شکل معتدل آن زیاد باشد مغز خوبتر کار میکند و در بخش تولید مثمر تر واقع میشود.

وَبَنَيْنَا فَوْقَكُمْ سَبْعًا شِدَادًا (۱۲)

معنی: و بالای سر شما هفت آسمان استوار بنا کردیم.

تفسیر: درین جا قرآن از منظومه شمسی سخن دارد. مسلمانان اولین مردم بودند که نظام شمسی را مطالعه کردند و بنیانگذار علم نجوم بودند. هدف از هفت آسمان درین آیه هفت سیاره است که پسان ستاره شناسان شناسایی کردند و عبارت اند از مهتاب، عطارد، زهره، آفتاب، مریخ، مشتری و زحل می باشد. اینها مشهور به نام اجرام آسمانی اند.

وَجَعَلْنَا سِرَاجًا وَهَّاجًا (۱۳)

معنی: و چراغی درخشان نهادیم.

تفسیر: هدف آیه آفتاب است. وهاج به معنی شی که نور و حرارت تولید می کند. آفتاب در منظومه شمسی از مهمترین سیاره است که باعث رُشد جهان طبیعت می شود. مطالعات ساینس جدید نشان میدهد که آفتاب باعث تولید ویتامین دی در بدن میشود. هورمون های خوشی انسانی را تقویت می کند و همچنان اهمیت کلیدی در سیستم ایمنی بدن دارد. آفتاب که نزدیک ترین سیاره به زمین است انرژی آن از مسافه یکصد و پنجاه ملیون کیلومتر زندگی را در زمین امکان پذیر می سازد و بدون آفتاب زندگی نیست.

وَأَنزَلْنَا مِنَ ٱلْمُعْصِرَاتِ مَآءً ثَجَّاجًا (۱٤)

معنی: و از ابرهای فشرده آب ریزان فرو فرستادیم.

تفسیر: درین جا از نعمتَ باران سخن دارد. یک موضوع علمی دیگر در قرآن مجید. همه مسایل ساینس درقرآن است که واقعاً شگفت انگیز است. باران از قطرات آب تشکیل شده است. در داخل ابر ها قطرات آب به همدیگر می پیوندند و بزرگتر می شود و این مسله باعث سنگینی یا وزن زیاد می شود و دیگر قدرت بودن در هوا را ندارد و به پایین می ریزد. این ریزش آب باعث نموی جهان طبیعت می شود و سرسبزی به بار می آورد. آب حیات بخش است. قطرات آب و تشکیل آن یک

موضوع اتموسفیریك است كه در اثر تبخیر به وجود می آید. درین جا به همین حد اكتفا می كنیم.

لِنُخْرِجَ بِهِ حَبًّا وَنَبَاتًا (۱۵)

معنی: تا بدین وسیله دانه و گیاه را [از زمین] بر آریم.

تفسیر: قسمیکه گفتیم آب باران در روییدن حبوبات و نباتات و درختان و همه طبیعت حتمی و ضروری است.

وَجَنَّاتٍ أَلْفَافًا (۱۶)

معنی: و باغ های پُر درخت.

تفسیر: درین آیهٔ كوتاه قرآن از درختان در روی زمین یاد می كند. درختان نه تنها كه سرسبزی به بار می آورد توانایی تصفیه هوا را دارند. همچنان اكسیژن تازه را در اختیار انسان قرار میدهد. دانشمندان فواید دیگر درختان را فهرست كرده اند. درختان هوا را پاك و گوارا می سازد به ترتیب كه گاز ها را مانند اكسید نیتروژن امونیاك، دی اوكسید گوگرد و اوزون را جذب می كند و در داخل برگ ها و پوست تنه ای خود ذخیره می كند. هر قدر درخت زیاد باشد به همان اندازه هوا سرد می باشد یعنی حرارت آفتاب را دفع میكند. سایهٔ درختان قادر است تا آب را ذخیره كرده و از تبخیر جلوگیری كند. موضوع درختان را كه قرآن یاد می كند یك مسلهٔ مطلق علمی است.

إِنَّ یَوْمَ ٱلْفَصْلِ كَانَ مِیقَاتًا (۱۷)

معنی: یقیناً روز موعود [حق از باطل] مقرر شده است.

تفسیر: در رابطه به آیات قبلی كه ناباوران گفتگو میكردند و در مورد روز آخرت و روز بازپرس مغشوش بودند، درین جا پروردگار عالمیان به یقین خاطر نشان میكند كه روز بازپرس و روز آخرت مقرر شده است و نباید نادیده گرفت و غافل نباشید.

یَوْمَ یُنفَخُ فِی ٱلصُّورِ فَتَأْتُونَ أَفْوَاجًا (۱۸)

معنی: روز كه توسط صوردمیده خواهد شد و شما گروه گروه به پیش خواهید آمد [و دورهم جمع می شوید].

تفسیر: جوامع بشری برای اجتماعات به یك اطلاع رسانی نیازمند است. این اطلاع رسانی می تواند گوناگون باشد. در جهان امروز توسط رادیو

و تلویزیون مردم را مطلع می کنند. «لَود سپیکر» که بلند گو ترجمه می شود و شکل آن از صور تقلید شده است و اصل آن از شاخ قوچ است و در جهان امروز یک صور است. در اسلام مردم را با آذان برای نماز اطلاع میدهند. صور درین جا جار زدن به یک وسیله است که مردم بشنوند و خبر شوند. این وسیله در قدیم توسط یک بوق که ما هارن می گوییم مانند هارن موتر صورت می گرفت. هارن واژه انگیسی است که شاخ معنی میدهد. در کتاب تورات و انجیل هم صور آمده است که مردم را اطلاع رسانی میکردند تا جمع شوند و مشهور است به نام «شوفار» که از شاخ قوچ ساخته می شود و هنوز هم در مراسم مذهبی یهودان یک روز مذهبی را با شوفار اعلام میکنند. از دید کتب آسمانی وقتی صور دمیده می شود و مردم دور هم جمع می شوند اعلامیه قیامت است و همان روز باز پرس می باشد.

وَفُتِحَتِ ٱلسَّمَآءُ فَكَانَتْ أَبْوَٰبًا (۱۹)

معنی: و آسمان گشوده شود مثل اینکه دروازه ها باز شده است.

تفسیر: درین جا مقصد از سماء که آسمان معنی میشود بهشت است. یعنی درهای بهشت گشوده می شود. و دروازه به شکل جمع آمده است. نظر به یک حدیث پیشوای اسلام (ص) در های بهشت هشت تا است که به روی مومنان باز می شود. یعنی هشت در بهشت باز می شود.

وَسُيِّرَتِ ٱلْجِبَالُ فَكَانَتْ سَرَابًا (۲۰)

معنی: و کوه ها [چنان] از بین خواهد رفت گویی که سراب بودند.

تفسیر: موجودی که این همه خلقت از آن اوست و صانع واقعی الله سبحان و تعالی است همین قدرت را دارد همانطوریکه خلق کرد به همان منوال همه را محو و نابود کند. کوه های بزرگ را می بینیم که نزدیک شوی مانند سُراب است و دیگر دیده نمی شود. توجه کنید که قرآن از یک حقیقت علمی دیگر سخن دارد و آن سُراب است. سُراب در اثر شرایط اتموسفیریک مخصوصا وقتی در دشت ها مانند یک قطعه آب از دور معلوم می شود که تاثیرانعکاس نور از اسمان و هوای گرم به وجود می آید. یعنی انعکاس نور جمع گرمی هوا باعث سراب در زمین میشود.

إِنَّ جَهَنَّمَ كَانَتْ مِرْصَادًا (۲۱)

معنی: براستی دوزخ یک کمینگاه است.

تفسیر: برای عدالت بشری باید امتیازات وغیرامتیازات باشد که این به ذات خود برای انسان حس مسئولیت میدهد. خداوند یادآوری میکند که شما در مورد گفتار و کردار و اعمال و تفکر تان محتاط باشید که دوزخ در کمینگاه است و کاری نکنید که خود به خود، به بدبختی رسید. راه انتخاب در دست خود انسان است. جنت یا جهنم. انسان خود مختار است.

لِّلطَّاغِينَ مَـَٔابًا (٢٢)

معنی: برای سرکشان جای بازگشت است.

تفسیر: اینجا واضح تردرمورد سرکشان بیان می کند که کسانیکه ایمان دارند، هدف آنان نیستند. هدف از طغیانگران آنانی هستند که خداوند را رد می کنند مانند کمونیستان و ماتریالیستان و آنانیکه قرآن را تکذیب می کنند و به حقانیت خداوند باور ندارند. هستند مردمان که می گویند مسلمان هستند و اما قرآن را منحیث یک کتاب علم و حکمت قبول ندارند. اینها همه طغیانگران هستند و جای بازگشت شان جهنم است. چرا یک کسی که به خداوند ایمان ندارد جایگاهش باید جهنم باشد؟ جواب این است که آن شخص مالک جهان هستی را که خداوند است به رسمیت نه می شناسد و خداوند پاسدار ملکیت خود است. وقتی شما مالک را نشناختید بسیار آسان است که به ملکیت تجاوز کنید و خداوند کسانیکه او را منحیث مالک جهان هستی نه می شناسد و به ملکیت خداوند تجاوز میکند جایگاهش را جهنم تعیین کرده است.

لَّابِثِينَ فِيهَآ أَحْقَابًا (٢٣)

معنی: برای مدت طولانی در آنجا خواهند ماند.

تفسیر: سرکشان برای اینکه به جزای اعمال شان برسند برای مدت طولانی در آنجا اقامت خواهند گزید.

لَّا يَذُوقُونَ فِيهَا بَرْدًا وَلَا شَرَابًا (٢٤)

معنی: نه سردی را [در آنجا]تجربه می کنند و نه نوشیدنی را [می چشند].

تفسیر: انسان موجودی است که طبیعتاً آب و هوای مطبوع و گوارا را دوست دارد و همچنان نوشیدنی های سرد را در هوای گرم. درین جا خداوند هشدار میدهد که در محل سرکشان نه آب و هوای لطیف و گوارا وجود دارد و نه نوشیدنی های سرد و گوارا. این آیه نه تنها که از آخرت

هشدار میدهد در عین زمان نشان دهنده ای یک حقیقت مهم است که جهان بعد از مرگ هم فضا و آب و هوای خودش را دارد که مردم باید آگاهی داشته باشند. به عبارت دیگر جهان بعد از مرگ را جدی بالای آن فکر کنند و بیهوده تصور نکنند و برای آخرت خود تصمیم بگیرند.

إِلَّا حَمِيمًا وَغَسَّاقًا (۲۵)

معنی: مگر مایع جوشان و یک مایع که سیاه و گل آلود است.

تفسیر: حمیم آب گرم معنی میدهد اما درین آیه ترکیب این آب هم گفته شده که سیاه و غلیظ و ناشفاف است. پس معنی بهتر آن مایع می باشد زیرا آب جوشان باشد و یا نباشد شفاف است و در این آیه از شفافیت آب خبری نیست.

جَزَاءً وِفَاقًا (۲۶)

معنی: جزای موافق به طبیعت شان.

تفسیر: ببینید درین جا خداوند یک موضوع علمی دیگر را خاطر نشان می کند که در علم روانشناسی امروزی بسیار مطرح است و آن عبارت است از طبیعت انسانی است. انسان های طغیانگر طبیعت تند خو و جوشان و خشن دارند. برای همچو انسان ها باید جزای شان موافق با طبیعت شان باشد. جزای طغیانگر مایع جوشان و خشن و تاریک که به طبیعت او سازگار است.

إِنَّهُمْ كَانُوا لَا يَرْجُونَ حِسَابًا (۲۷)

معنی: آنها از حساب دهی خود ترس و بیم نداشتند.

تفسیر: آنانیکه به موجودیت خداوند و حکمت خداوند اعتقاد ندارند معلوم دار به آخرت و قیامت هم اعتقاد ندارند. پس روز حساب دهی از اعمال خوب و بد برای شان مطرح نیست و ترس ندارند و اما درآخرت برای شان واضح می شود. در رابطه به این موضوع یک تبصره ی جالب است که اینها (سرکشان) دنیا را از خود کردند و مردم را مظلوم ساختند و از نعمات زندگی لذت می برند و ما منتظر هستیم که اینها جزای خود را در آخرت ببینند. تجربه تاریخ نشان داده است که آنان که سرکش هستند در همین دنیا جواب گناهان خود را داده اند و میدهند. هم به سطح فردی و هم خانوادگی و اما ما متوجه نه می شویم. ما کمتر تاریحچه زندگی یک انسان و یا یک ملت را مطالعه می کنیم. بدون تعمق، ما همه چیز را

به نصیب و قسمت شخص ربط میدهیم در حالیکه نصیب و قسمت یک مسلۀ دیگر است. شخص چنان در اثر کفر خود در زندگی بیچاره میشود که از زندگی کردن پشیمان می شود و هر روز مرگ خود را میخواهد و اما مرگ به سراغش نه می آید. حتما شما شاهد این اتفافات بوده اید. و یا مسایل دیگر برایش رخ میدهد که باور کردنی نیست و این همه جزای است که انسان در دنیا می بیند و اما ما درک آنرا نداریم. یک موضوع فوق العاده مهم را که مردم نمیدانند که در زندگی انسانی اتفاق، چانس، طالع و بد طالع وجود ندارد. همه زندگی ما که به پیش می رود به خاطر کار های خوب و بد که کرده ایم ساخته شده است. نه اینکه فلانی خوش طالع و بد طالع است و خوش چانس و بد چانش است. در بعضی مسایل است که خداوند خیر بندۀ مومن را میداند. هر بدی که برای ما رخ میدهد باید از خود سوال کنیم که من چه گناه کرده ام نه اینکه آنرا به اتفاق ربط دهیم.

وَكَذَّبُوا بِآيَاتِنَا كِذَّابًا (۲۸)

معنی: و آیات ما را قاطعاً و قصداً دروغ می شمردند.

تفسیر: امروز ما در تلویزیون های بیرون مرزی شاهد هستیم که افغانان خود ما که از مادر و پدر مسلمان زاده شده اند آیات کلام الله مجید را انکار میکنند. چند تن از بیخردان و نادانان دیگر در برنامه شان زنگ می زنند و اسلام را تحقیر و توهین میکنند. آیات را بدون مطالعه زیر سوال می برند و حتی جار می زنند که بیایید برای من ثبوت کنید اگر شما راست می گویید. این را نمیدانند که آنهایکه از عمق موضوع خبر دارند قرآن برای شان دستور داده است که با جاهل طرف نشوید. در گذشته هم یهودان آیات را تکذیب میکردند و پسان کمونیستان و دهریان و ماترلیستان آیات را تکذیب کردند. یعنی یک موضوع جدید نیست. مردم هم چون مطالعه ندارند سخنان سخیف همین برنامه سازان را قبول میکنند. اما خود شان مرتکب گناه خود هستند نه برنامه ساز. برنامه ساز مسئول گناه خود است و مردم مسئول گناه خود هستند.

وَكُلَّ شَيْءٍ أَحْصَيْنَاهُ كِتَابًا (۲۹)

معنی: و ما همه چیز را [دقیقاً] کتابت کردیم.

تفسیر: یکی از موضوعات فوق العاده مهم که در قرآن شناسی مطرح است و قابل غور و تعمق است این است که از هه اعمال و کردار و گفتار

و پندار ما خداوند با خبر است و همه درج کتاب می شود و صورت اعمال ما همین است که در دیگر ادیان یا وجود ندارد و یا اگر دارد بسیار کم رنگ جلوه داده شده است. یک مسلمان آگاه باید هر ثانیه بداند که زیر نظر خداوند است و هیچ چیز از دید آن ذات کبریا پوشیده و پنهان نیست.. ما همه مسئول هستیم. به عبارت دیگر ما باید خدا را در همه امور حاضر ببینیم. همه ناملایمت خانوادگی، اجتماعی و سیاسی و اقتصادی وقتی رخ میدهد که انسان فراموش می کند که اعمال او درج کتاب می شود و در آیندهٔ زود و یا دیر حساب دهی دارد. فراموش می کند که خدا هم می بیند و هم می شنود.

فَذُوقُواْ فَلَن نَّزِیدَكُمْ إِلَّا عَذَابًا (۳۰)

معنی: [ثمرۀ اعمال] تانرا بچشید مگر اینکه عذاب تانرا افزایش میدهیم.

تفسیر: همچنان که در افزایش تقوی و خوبی ها پاداش است به همان منوال در افزایش گناهان هم افزایش جزا تعیین شده است. این است عدالت خداوندی که برای اعمال نیک و بد با بندگان معامله می کند.

إِنَّ لِلْمُتَّقِینَ مَفَازًا (۳۱)

معنی: به یقین برای پرهیزگاران کامیابی و خشنودی بزرگ است.

تفسیر: انسان با تقوی کسی است که از بدی ها دوری میکند و میداند که احکام الهی برای کامیابی و خشنودی باطن اوست. قرآن نازل شد تا مردم با کرامت که شایستۀ آن هستند زندگی کنند. انسان را خود مختار دانست تا از عقل کار گیرد. شخص با تقوی نه تنها از بدی ها دوری می کند در عین زمان خودش را جزء مخلوقات میداند و درک این واقعیت را دارد که بدون رهنمایی خداوند پیروز نخواهد شد.

حَدَآئِقَ وَأَعْنَابًا (۳۲)

معنی: بوستان ها و تاکستان ها [بنیاد کردیم].

تفسیر: حدایق جمع الحدیقه است یعنی بوستان های که دیوار دارند. و همچنان قرآن مجید از انگور یاد میکند. درین جا خداوند آموزش میدهد که بوستان های میوه برای اینکه از گزند در امان باشند باید اطراف آن دیوار باشد و همچنان هدف چیله تاک است که برای بلند رفتن انگور و نموی آن مهم است. مانند تاکستان انگور. میوه جات که در قرآن مجید یاد شده است به نام میوه های بهشتی یاد میشود زیرا این میوه جات فواید

صحی گوناگون دارد. مطالعات نبات شناسان طبی نشان میدهد که انگور خواص خاص برای درمان مریضی ها دارد. انگور یک انتی وکسیدنت است. مملو از ویتامین هاست. برای سیستم ایمنی بدن بسیار مفید است.

وَكَوَاعِبَ أَتْرَابًا (۳۳)

معنی: همدم هم سن و سال.

تفسیر: بهترین معنی آیه را علامه یوسف علی از عربی به انگلیسی کرده است. همدم هم سن و سال. درست است که یک معنی کواعب دوشیزگان انار پستان است اما آیه تحت الفظ معنی نمیشود. چون اترابا هم سن و سال معنی میدهد درینصورت زنان و مردان هم سن وسال مفهوم درست تر را می رساند. در غیر آن آیه یک مسلۀ شهوانی مردان را تمثیل می کند که هدف قرآن این نیست مخصوصاً که واژه زوج برای هر دو در قرآن استعمال شده است. یعنی زنان و مردان مکمل همدیگر هستند. اگر آیه تحت الفظ معنی شود جنبه یک طرفه میگیرد و درست نیست و عدالت قرآن را در تساوی زن و مرد زیر سوال می برد. اساساً قرآن زن و مرد را در دنیا و آخرت به یک نظر می بیند.

وَكَأْسًا دِهَاقًا (۳٤)

معنی: جام های لبریز.

تفسیر: درین جا هدف از جام ها یا کاسه های پُر یا لَبالَب عشق سرشار خداوندی و همچنان نعمت های خداوند را تمثیل می کند که اکثراً غلط فهمیده شده است. در اشعار فارسی هم وقتی شاعر از جام سرشار سخن می دارد هدف آن عشق سرشار خداوند و نعمت های خداوندی به بشر است نه مشروبات نشه آور. آیه در تصوف و دوستی و عشق به خداوند نقش بارز ایفا کرده است. طور مثال به این شعر حافظ توجه کنید

صوفی بیا که آینه صافیست جام را
تا بنگری صفای می لعل فام را

راز درون پرده ز رندان مست مپرس
کاین حال نیست زاهد عالی مقام را

ازیـن اشعار در تصوف بسیار زیـاد است و کـج دلال همه را بـرای مسـتی و بیخـودی و مشـروب نشـه آور تعبیـرو معنـی میکننـد کـه خـلاف قـرآن است. مسـتی در شـعر نشـه کـردن نیسـت بلکـه غـرق شـدن در عشـق و رحمـت خداونـد است.

لَّا يَسْمَعُونَ فِيهَا لَغْوًا وَلَا كِذَّابًا (٣٥)

معنی: نه سخن بیهوده را می شنود و نه دروغ را.

تفسیـر: بیبینیـد در رابطـه بـه آیـهٔ بـالا وقتـی انسـان غـرق عشـق خداونـد میشـود نـه سـخن نـاروا و بیهـوده را مـی شـنود و نـه دروغ را. اینجاسـت کـه انسـان در عمـق خداشناسـی داخـل مـی شـود وحتـی راز درون پـرده را مـی دانـد. بـه ایـن اشخاص « بـه جا رسیده « گوینـد.

جَزَاءً مِّن رَّبِّكَ عَطَاءً حِسَابًا (٣٦)

معنی: پاداشی است از جانب پروردگارت، بخششی سنجیده شده.

تفسـیر: بلـی! آنانیکـه در راه خـدا قـدم برمیدارنـد و بـا خـدا زندگـی میکننـد، بـرای خـدا زندگـی مـی کننـد و همه هـدف شـان خشـنودی خداسـت، خداونـد بـه انـدازه ی تـلاش شـان بـدون کـم و کاسـت و بسیار حسـاب شـده پـاداش شـانرا منحیـث بخشـش یا تحفـه میدهـد.

رَّبِّ السَّمَاوَاتِ وَالْأَرْضِ وَمَا بَيْنَهُمَا الرَّحْمَٰنِ لَا يَمْلِكُونَ مِنْهُ خِطَابًا (٣٧)

معنـی: خداونـد آسـمان هـا و زمیـن و آنچـه میـان هـر دوسـت از [آن] خـدای رحمـن اسـت و هیچکـس اجـازه ی بیـان را [در مقابـل او] نـدارد

تفسـیر: ملکیت همه جهان هستی و هـر آن چیزی کـه در بیـن آسـمان هـا و زمیـن اسـت از خداونـد اسـت. دریـن جا یکـی دو نکتـهٔ مهـم اسـت کـه بایـد بـا عقـل سلیم بدانیـم. اول مـا نـه مـی توانیـم ادعـای ملکیت جهان هستی را کنیـم. ایـن بدیـن معنـی اسـت کـه ایـن حـق قـدرت هـای نظامـی جهـان نیسـت کـه در تـلاش هسـتند تـا بـرای تصاحب مسایل فضایی بـه مسـابقه بپردازنـد. وقتـی جهـان هسـتی ملکیـت خداسـت همـه مـردم جهـان بـه ان حـق دارنـد نـه تنهـا قـدرت هـای بـزرگ. دوم بخـش اول آیـه بیانگـر توحیـد اسـت کـه همـه جهـان هسـتی و هـر چـه در آن اسـت یکـی اسـت و مالـک آن خداسـت. بعـد مـی گویـد کـه چـون همـه جهـان هسـتی از آن اوسـت بـه کسـی اجـازه نمیدهـد تـا در ملکیت او جـر و بحـث کنـد و یـا سـخن گویـد و یـا بیانیـه دهـد. انسـان کـه مخلـوق اسـت و جـزء همیـن خلقـت اسـت بایـد حـد و حـدود خـود را بشناسـد

و کوشش نکند به ملکیت خداوند دست درازی کند.

يَوْمَ يَقُومُ ٱلرُّوحُ وَٱلْمَلَـٰٓئِكَةُ صَفًّا ۖ لَّا يَتَكَلَّمُونَ إِلَّا مَنْ أَذِنَ لَهُ ٱلرَّحْمَـٰنُ وَقَالَ صَوَابًا (۳۸)

معنی: روزی که روح و فرشتگان در یک صف می ایستند، سخن نه می گویند مگر به اذن خداوند رحمان و گویند آنچه صوابدید است.

تفسیر: روزی که همه در یک صف با فرشتگان جمع می شوند و برای بعضی بندگان خاص اجازه داده میشود تا حقیقت را بگویند و آنچه می گویند جزء ثواب یعنی حقانیت خدا و حقانیت کلام الهی چیزی دیگری نیست. این وقتی است که همه در مقابل کرسی عدالت قرار میگیرند. قابل یادآوری است که در تفسیر روح مفسرین نظریات گونگون دارند. یک عده روح را جبرئیل تفسیر کردند همچنان روح مردم است. نزدیکترین تفسیر همان است که مردم و فرشتگان همه یکجا قیام می کنند.

ذَٰلِكَ ٱلْيَوْمُ ٱلْحَقُّ ۖ فَمَن شَآءَ ٱتَّخَذَ إِلَىٰ رَبِّهِۦ مَـَٔابًا (۳۹)

معنی: آن روز[آمدنی]، روز حق است پس هر که خواهد بازگشتگاهی به سوی پروردگار خود بجوید.

تفسیر: خداوند رحمن و رحیم فرصت آخری را به بندگان میدهد وقتی همه جمع می شوند و سخن حق را از فرشتگان و اهل علم می شنوند راه را انتخاب می کنند و تصمیم میگیرند. این روز است که حق شنیده می شود و حق داده می شود و عدالت تام تامین میگردد.

إِنَّآ أَنذَرْنَـٰكُمْ عَذَابًا قَرِيبًا يَوْمَ يَنظُرُ ٱلْمَرْءُ مَا قَدَّمَتْ يَدَاهُ وَيَقُولُ ٱلْكَافِرُ يَـٰلَيْتَنِى كُنتُ تُرَٰبًۢا (٤۰)

معنی: بدون شک، ما از عذاب که نزدیک است شما را بیم داده بودیم، روز که انسان نتیجه اعمال خود را که با دستان خود انجام داده، می بیند و شخص کافر می گوید ای کاش من هم خاک می بودم.

تفسیر: خداوند دانا و توانا، غفور و رحیم انسان را بار بار هشدار داده است تا خودش را اصلاح کند و مسیر زندگی اش را که راه حق و راستی است تغییر دهد. و از عذاب بی اطاعتی و سرکشی خودش را نجات دهد. انسان که هر عمل که انجام داده قبل ازین روز ثبت شده است و با دست خود انجام داده و فرستاده است نتیجه اعمال خودش را درین روز می بیند. اما شخص کافر آرزو می کند ای کاش درین دنیا منحیث انسان نه می

آمـد و خـاك میبـود و ایـن اعمـال نامـه را نـه مـی دیـد. روز عدالـت تامیـن مـی شـود. از انسـانیت خـود شـرم مـی کنـد و امـا دیـر مـی باشـد.

سُورَةُ النَّازِعَات

مقدمه

نازعات از نزع آمده است. کندن هم معنی میدهد مانند علف را کندن. درین سوره معنی آن جان گرفتن و جان کندن است. پاره کردن و دریدن هم معنی میدهد. سوره مکی است و دارای چهل و شش آیه است. سوره ی نازعات طویل ترین سوره در جزء سی ام است. این سوره که بخش مهم آن معاد و روز آخرت است روح خفته و خواب برده را بیدار می کند. همچنان مسئله قدرت و قضاوت و عدالت خداوند مطرح است که انسان سرکش و مغرور را متوجه می سازد. حضرت محمد (ص) فرموده است که کسی که سوره نازعات را بخواند توقف و حساب او در روز قیامت به اندازه ی یک نماز روزانه است وبعد از آن وارد بهشت می شود. امام غزالی طوسی علیه الرحمه این سوره را مروارید عمل نام نهاده است.اگر کسی در خواب بیند که نازعات میخواند هنگام مرگ از جان کندن می ترسد.

بِسمِ اللهِ الرَّحمَنِ الرَّحِیمِ

وَالنَّازِعَتِ غَرقًا (۱)

معنی: سوگند به فرشتگانی که به سختی جان [گنهکاران] را میگیرند.

تفسیر: زنده کننده و میراننده خداوند است. اما می بینیم که بعضی اشخاص بسیار به مشکل جهان را ترک میکنند. با مرگ دست و پنجه نرم می کنند. اینها کسانی هستند که فرشته مرگ جان شانرا به سختی میگیرد. در دل یا مشرک هستند یا کافرو یا مرتکب گناه بزرگ شده اند. توجه داشته باشید که این آیه به ما می رساند که گنهکاران جزای اعمال شانرا در همین دنیا قبل از مرگ میبینند.

وَالنَّاشِطَتِ نَشطًا (۲)

معنی: و فرشتگانی که [جان مومنان] را به آسانی میگیرند.

تفسیر: به تعقیب آیه اول می گوید که جان مومنان را به آسانی و آرامی فرشته مرگ میگیرد. ما اگر میخواهیم مرگ آسان داشته باشیم و این جهان را بدون رنج و سختی ترک کنیم باید خدا شناس باشیم. مومن باشیم. مرگ آسان نمایانگر این حقیقت بزرگ است که شخص که از

جهـان مـی رود از قلـب مومـن بـوده و آن دنیـای او هـم بهشـت بریـن اسـت. یعنـی علایـم دریـن دنیـا بـرای مـا هشـدار دهنـده و بیـم دهنـده و مـژده دهنـده اسـت.

وَٱلسَّبِحَتِ سَبْحًا (۳)

معنی: و سوگند به فرشتگانی که بسیار سریع پرواز می کنند.

تفسیر: فرشـتگان الهـی بـه امـر پـروردگار بسـیار سـریع در اجـرای فرمـان الهـی حرکـت میکننـد. طـور مثـال وقتـی حضـرت ابراهیـم (ع) را در آتـش مـی انداختنـد بـه اذن الهـی و سـرعت حرکـت فرشـته، آتـش خامـوش شـد. وقتـی انسـان قـادر شـده اسـت کـه یـک پیـام را از طریـق رسـانه هـای مجـازی بـه سـریع تریـن وقـت از یـک قـاره بـه قـارۀ دیگـر بفرسـتد آیـا ایـن کار بـرای خداونـد مشـکل اسـت ؟ خـوب دقیـق فکـر کنیـد.

فَٱلسَّبِقَتِ سَبْقًا (۴)

معنی: [و سوگند] به فرشتگان پیشتاز.

تفسیر: فرشـتگان در اجـرای فرمـان الهـی درنـگ نـه میکننـد. خیلـی هـا چابـک هستند .

فَٱلْمُدَبِّرَٰتِ أَمْرًا (۵)

معنی: [سوگند] به فرشتگان که [به اذن خداوند] کار سازی میکنند.

تفسیر: بـه یـاد داشـته باشـیم کـه اصـل تدبیـر کار بـه دسـت خداونـد اسـت نـه فرشـتگان. فرشـتگان بـدون اذن الهـی هیـچ کاری را کـرده نـه مـی تواننـد. امـا وقتـی یـک کار بـرای شـان امـر میشـود آنـرا بـا کمـال امانـت داری و بیدرنـگ انجـام میدهنـد. توجـه داشـته باشـید کـه در بعضـی تفاسیر چنیـن ترجمـه کـرده انـد کـه یعنـی فرشـتگان تدبیـر مـی کننـد کـه درسـت نیسـت. تدبیـر کار بـه دسـت خداونـد اسـت و اجـرای امـر کار بـه دسـت فرشـتگان. علامـه یوسـف علـی مـی نویسـد کـه بعـد ازینکـه بـه اجـراآت فرشـتگان در عالـم الهـی در پنـج آیـه اول سـوگند یـاد شـد حـالا واقعیـت هـای کـه در جهـان انسـانیت مطـرح اسـت بیـان مـی شـود.

یَوْمَ تَرْجُفُ ٱلرَّاجِفَةُ (۶)

معنی: روزی کـه همـه چیـز در جـوش و خـروش و همهمـه اسـت، ایـن همهمـه بـه شـکل قاهرانـه و شـدید بـه لـرزه خواهـد آمـد.

تفسیر: آیه از اخیر جهان فانی به ما اطلاع میدهد که همه چیز دینا در یک جوش و خروش و همهمه است. همهمه شهر ها را ببینید. جوش و خروش زندگی انسانی که انسان را از موجویت خودش، مسولیتش و رسالت اش مطلق بیخبر ساخته است. این جوش و خروش در داخل زمین از نگاه زمین شناسی وجود دارد که ما به چشم نه می بینیم و اما روزی می رسد که این همهمه با یک زمین لرزه بزرگ به پایان می رسد. این یک واقعیت است که هر چیز یک ختم دارد. هر چیز بالاخره فنا شدنی است به شمول کره زمین که ما زندگی می کنیم. پس باید آماده بود.

تَتْبَعُهَا ٱلرَّادِفَةُ (۷)

معنی: به تعقیب آن زمین لرزه های مکرر اتفاق می افتد.

تفسیر: توجه می کنید که وقتی زمین لرزهٔ بزرگ اتفاق می افتد چند دقیقه بعد زمین لرزه های خورد به تعقیب آن اتفاق می افتد. آیه بیانگر یک حقیقت بزرگ است که انسان نباید غافل باشد و همین اتفاقات امروزی زلزله و پَسکَشَک های آن درس عبرت باید باشد که حالا به شکل امتحانی به ما نشان میدهد که بیدار شویم. یکی از اهداف سوره نازعات بیداری انسان غافل است که تا دیر نشده است به خود آید و خودش را از غفلت نجات دهد.

قُلُوبٌ يَوْمَئِذٍ وَاجِفَةٌ (۸)

معنی: دل ها در آن روز در تلاطم و آشفتگی می باشد.

تفسیر: بلی در روز اخیر که زمین لرزه بزرگ به قوع بپیوندد دلهای مردم دچار سراسیمگی و آشفتگی می شود که برای شان چه اتفاق خواهد افتاد. نمیدانند چه کنند. تصور کنید در یک زلزله که در زندگی ما اتفاق افتاده است چقدر اضطراب به ما رخ داده است. از خانه بیرون فرار کردیم تا خانه سر ما نه غلتد. همه چیز را به سرعت رها کردیم. آما در آن روز که زلزله بزرگ به وقوع می پیوندد ایا امادگی داریم.؟

أَبْصَارُهَا خَاشِعَةٌ (۹)

معنی: چشمان شان [از شدت ترس]فرو افتیده.

تفسیر: این روزی است که نه تنها خوف و ترس و هم از شرمندگی انسان غافل بالا دیده نه می تواند و از سر افگندگی چشمانش پایین است. نه می داند چه بگوید و چه کند.

يَقُولُونَ أَءِنَّا لَمَرْدُودُونَ فِى ٱلْحَافِرَةِ (١٠)

معنی: [حالا]می گویند ما واقعاً چه می شویم. آیا ما به حالت اولی برگشتانده می شویم؟

تفسیر: هدف آیه متوجه کفار و آنان است که خداوند و آیات او را تکذیب کردند. یقین حاصل کردند که مرگ فرا رسیده است و گویند ما زنده به گور خواهیم شد. چطور شود که به حالت اولیه برگریدیم. فراموش میکنند که تنها مرگ نیست بلکه حساب دهی به دربار خالق است که از روی کبر و غرور و خودخواهی خالق را انکار کرده بودند.

أَءِذَا كُنَّا عِظَٰمًا نَّخِرَةً (١١)

معنی: آنگاه که استخوان های پوسیده شویم؟

تفسیر: برای شان مشکل است که درک کنند که برای خداوند بسیار آسان است که دوباره زنده شوند. اما چون به حکمت خداوند اعتقاد ندارند از خود سوال میکنند که چطور امکان دارد که ما استخوان های پوسیده شویم و دوباره بر گردیم به حالت اولیه. فهم این مطلب برای شان مشکل است.

قَالُواْ تِلْكَ إِذًا كَرَّةٌ خَاسِرَةٌ (١٢)

معنی: گویند در آنصورت یک بازگشت زیانبار خواهد بود.

تفسیر: متوجه حقیقت می شوند که برای خداوند زنده ساختن شان آسان است و اگر این کار به وقوع بپیوندد که به یقین شُدنی است ؛ درین حالت وضع شان به خاطر کفر شان بسیار خراب خواهد بود.

فَإِنَّمَا هِىَ زَجْرَةٌ وَٰحِدَةٌ (١٣)

معنی: ولی این بازگشت با یک آواز مهیب واقع می شود.

تفسیر: روز بازگشت همانا روز بازخواست است که با یک آواز مهیب همه جمع می شوند و در ترازوی عدالت قرار میگیرند. هیچ وقت انسان باید فکر نکند که جواب دادنی نیست و آن روز آمدنی نیست. نباید خود را فریب داد. باید توجه داشته باشیم که با آواز مهیب همه اعمال قطع شده است و نتیجه نهایی اعمال مردمان اعلام میگردد. این موضوع را تنها کسانی اعتقاد دارند که به حکمت های خداوند باور دارند.

فَإِذَا هُم بِٱلسَّاهِرَةِ (١٤)

معنی: پس ناگهان همه در عرصه روز محشر قرار میگیرند.

تفسیر: یکی از اساسات عمده ی اعتقاد اسلامی روز رستاخیز است. عقیده نداشتن به این روز کفر محسوب می شود. آنانیکه اعتقاد دارند باید آمادگی لازم را داشته باشند.

هَلْ أَتَىٰكَ حَدِيثُ مُوسَىٰٓ (١٥)

معنی: آیا داستان موسی به تو رسیده است؟

تفسیر: داستان حضرت موسی (ع) برای ما بسیار آموزنده است. چون خداوند غفور و رحیم است حتی با اشخاص مانند فرعون، به اساس رهنمود های خداوندی با نرمی برخورد میشود. انکار حقیقت از جانب فرعون سبب سقوط او درین دنیا میشود. نباید از کبر و غرور کار گرفت. معنی سخن در داستان این است که ما به سزای گناهان خود درین دنیا می رسیم. هیچ کس نباید مغرور قدرت و زر و سیم شود زیرا بالاخره جواب خواهد داد. از عدالت خداوند هیچ کس فرار کرده نه می تواند.

إِذْ نَادَىٰهُ رَبُّهُۥ بِٱلْوَادِ ٱلْمُقَدَّسِ طُوًى (١٦)

معنی: وقتی پروردگارش او را در وادی مقدس طوی ندا داد.

تفسیر: وادی طوی گذرگاهی در جنوب کوه طوردر شبه جزیرهٔ سینا در شمال شرقی مصرقرار دارد. درین وادی بود که خداوند به حضرت موسی (ع) ندای حق را داد. با حضرت موسی (ع) فراسوی حجاب که یک درخت بود سخن گفت. با اینهم حضرت موسی (ع) مشهور به کلیم الله است.

أَذْهَبْ إِلَىٰ فِرْعَوْنَ إِنَّهُۥ طَغَىٰ (١٧)

معنی: [فرمود] به سوی فرعون برو که سر به سرکشی نهاده است.

تفسیر: فرعون از کبر و غرور زیاد ادعای خدایی کرد و بزرگترین طغیان او همین بود. حضرت موسی (ع) وظیفه داده شد تا فرعون را اصلاح کند. چرا اصلاح فرعون ضروری بود ؟ برای اینکه هرگاه زعیم فاسد باشد رعیت فاسد می شود و از راه حق بیرون می شوند. به عبارت دیگر زعیم خداپرست باعث سعادت مردم خود می شود و زعیم نادان باعث بربادی مردم چنانچه ما در افغانستان بار بار دیدیم.

فَقُلْ هَل لَّكَ إِلَىٰ أَن تَزَكَّىٰ (١٨)

معنی: پس بگو: آیا میخواهی [از گناه] پاک شوی؟

تفسیر: بزرگترین گناه نزد خداوند شرك است كه نابخشودنی است. انسان كه مخلوق است باید بداند كه خالق او كیست و خالق او ملكیت جهان هستی را دارد. انسان نباید از حدود خود تجاوز كند و خالق جهان هستی را انكار كند. وقتی انسان گنهكار شمرده می شود كه اول مرتكب شرك شود و دوم مغرور و متكبر شود و تصور كند كه تنها خودش مطرح است و استغفرالله خدای خود وجود ندارد.

وَأَهْدِیَكَ إِلَىٰ رَبِّكَ فَتَخْشَىٰ (١٩)

معنی: تو را به سوی پروردگارت هدایت می كنم كه فروتن باشی.

تفسیر: خداوند بسیار غفور و رحیم و بخشاینده است. او بنده اش را دوست دارد و نه می خواهد تا بنده اش به راه غلط باشد. درین آیه خشیت فروتن معنی میشود نه ترس از خداوند زیرا چون انسان یك موجود متكبر و خود خواه است تنها با هدایت خداوند می تواند فروتنی كند زیرا واقعیت جهان هستی را درك می كند. زمانی انسان بیراه می شود و مغرور و متكبر میشود كه خالق جهان هستی را فراموش می كند و اما وقتی درك حقیقت كرد متواضع می شود.

فَأَرَاهُ ٱلْآیَةَ ٱلْكُبْرَىٰ (٢٠)

معنی: پس نشانهٔ بزرگ را نشان داد.

تفسیر: در تفاسیر اكثراً معجزه معنی شده است. خداوند معجزه گر نیست. اینجا آیه نشانهٔ بزرگ معنی میدهد كه حضرت موسی (ع) به اذن خداوند به فرعون نشان داد. آیه به آیهٔ قبلی توافق كامل دارد زیرا فرعون مغرور و متكبر شده بود. نه تنها كه فرعون خداوند را انكار میكرد، سخت مغرور شده بود. باید برایش قدرت خداوند نشان داده می شد.

فَكَذَّبَ وَعَصَىٰ (٢١)

معنی: اما او تكذیب كرد و نافرمانی نمود.

تفسیر: قصص قرآن مجید نه تنها ما را به دین شناسی و خدا شناسی آشنا می سازد به علم تاریخ هم آشنا می سازد. داستان فرعون و حضرت

موسـی (ع) از همان داستان های آموزنده است که ما عظمت و قـدرت خداونـد را وقتی کسـی که صاحب قدرت است میخوانیم و درک حقیقت می کنیم. فرعـون نه میخواسـت تا به خدایی خداونـد باور کند و یا قدرت خداونـد را درک کند. در رابطه به آیات بالا فرعـون آیات را تکذیـب کرد و عصیان نمود.امروز هم هستند صاحبان قدرت که آیات را تکذیب می کننـد و در مقابـل قدرت خداونـد عصیان می کننـد و راه زوال خـود را همـوار می کننـد. یعنی فرعون یک نمونهٔ ازعصیان است که ما در سیاست های امروزی مشاهده می کنیـم.

ثُمَّ أَدْبَرَ يَسْعَىٰ (۲۲)

معنی: آنگاه روی گشتاند و تلاش ورزید.

تفسیر: فرعـون حضرت موسـی (ع) را رد کـرد. آیات را تکذیت نمـود و کوشش کـرد تا ساحران را گرد هـم جمع کند و با پیام موسی (ع) که او را بـراه حـق و راستی دعـوت میکـرد و نشانهٔ کـه بـه اِذن خداونـد نشان داده شـده بـود مقابلـه کند.

فَحَشَرَ فَنَادَىٰ (۲۳)

معنی: پس [مردم را] را دور هم جمع کرد و ندا داد.

تفسیر: بـرای اینکـه ثابـت کنـد کـه او فرمانروای همـه جهان است مـردم مصر را دور هـم جمـع کـرد و بـه آواز بلنـد صدا کـرد کـه.

فَقَالَ أَنَا۠ رَبُّكُمُ ٱلْأَعْلَىٰ (۲٤)

معنی: پس گفت: پروردگار اعلی شما منم.

تفسیر: بـه مردم گفت کـه خـدای بزرگتـر و نیرومنـد تـر و بلنـد تـر خـود اوسـت یعنی فرعـون. اینجا فرعون از حـدود انسانی اش تجاوز میکنـد و نـه میدانـد و نـه درک ایـن را دارد کـه بنـده است و فنا شدنی و جواب دادنی. در بیـن افغانها هـم کسـان پیدا شـدند و خداونـد را در تلویزیـون ها نفیه کردنـد و ادعا کردنـد کـه آنها بهتر میدانند. یعنی در هـر زمـان یـک فرعون سر می کشد و موضوع نـو نیست.

فَأَخَذَهُ ٱللَّهُ نَكَالَ ٱلْأَخِرَةِ وَٱلْأُولَىٰ (۲٥)

معنی: پس خداوند او را به عذاب آخرت و دنیا گرفتار کرد.

تفسیر: انسـان های کـه از حـدود خـود تجاوز می کننـد و ادعای خدایی می

کنند و یا خداوند را که همه جهان هستی ملکیت اوست رد می کنند هم در دنیا و هم آخرت به عذاب بزرگ گرفتار می کند. ما باید درک کنیم که هر وقت یک انسان از حدود خودش تجاوز کند جزا می بیند. چه این حدود خداوند باشد که به جزای اعمال خود می رسد وچه در کار های محوله و انسانی باشد جزا می بیند. اگر با گهنکار و بیگناه یک رویه شود پس عدالت خداوندی چه شد؟ اگر یک کارمند خوب پاداش نبیند و کارمند خراب تادیب نشود پس نظام عدالت از بین می رود. فرعون درین دنیا سرنگون شد.

إِنَّ فِى ذَٰلِكَ لَعِبْرَةً لِّمَن يَخْشَىٰٓ (۲٦)

معنی: بدون شک [این داستان] پند بزرگ است برای کسی که فروتنی داشته باشد.

تفسیر: داستان های قرآن بیهوده نیست و همه برای پند و آموزش و پرورش وارتقای سطح فرهنگی، معنوی، دنیوی و خداشناسی انسان است اگر کسی به دقت فکر کند. این داستان ها بسیار بیدار کننده است اگر کسی تعمق کند.

ءَأَنتُمْ أَشَدُّ خَلْقًا أَمِ ٱلسَّمَآءُ بَنَىٰهَا (۲۷)

معنی: آیا آفرینش شما دشوار تر است و یا آسمان که بنا نهاد؟

تفسیر: اینجا انسان را متوجه می سازد که شما جزء همین خلقت هستید. آیا خلقت شما آسان است و یا جهان هستی. یعنی آسمان و کهکشان. یعنی شما شمۀ ازین خقلت هستید در حالیکه خداوند خالق همه جهان هستی است. خدای که همه از آن اوست. همه ملکیت اوست. انسان باید در خلقت خود دقت کند و خودش را بشناسد تا خدا را بشناسد. انسان باید دقت کند و خودش را جزء همین خلقت بیکران ببیند.

رَفَعَ سَمْكَهَا فَسَوَّىٰهَا (۲۸)

معنی: پوشش بلند [و] با نظم برافراشت.

تفسیر: زیاد تر این آیه سقف معنی شده است که مفهوم اصلی آیه را نه می رساند.. هدف پوشش جو زمین است که همه کرۀ خاکی را احاطه کرده است. در ساینس این را اوزون یاد میکنند. اوزون زمین را برای زند گی حیاتی محافظت می کند. و این یک موضوع علمی است که قرآن به آن اشاره دارد. هدف از نظم کاینات است که با نظم و برابری کامل

خلـق شـده اسـت. همـه سیارات در مـدار منظـم در حرکـت هستند.

وَأَغْطَشَ لَيْلَهَا وَأَخْرَجَ ضُحَٰهَا (۲۹)

معنی: شب را با تاریکی و روز را با روشنایی نمایان کرد.

تفسیر: دریـن جا قـرآن یـک موضـوع علمـی دیگـر را اشـاره میکنـد و آن چرخـش زمیـن در دور آفتـاب اسـت کـه شـب و روز را پدیـد مـی آیـد. آفتـاب ثابـت اسـت و در اثـر چرخـش زمیـن کـه بیسـت و چهـار سـاعت را در بـر میگیرد و ایـن حرکـت روزانـه در مـدار آفتـاب از شـرق بـه غـرب، شـب و روز را بـه وجـود مـی آورد.

وَٱلْأَرْضَ بَعْدَ ذَٰلِكَ دَحَٰهَآ (۳۰)

معنی: و زمین را زیاد تر گسترش میدهد.

تفسیر: از نگاه علـم زمیـن شناسـی در اوایـل کـرۀ زمیـن یـک قـارۀ واحـد بـود کـه « پانگیا » یـاد میشـود و توسـط بحـر احاطـه شـده بـود. پانگیا بـه پارچـه هـای مختلـف تکـه تکـه مـی شـود و بـه هـر طـرف کشـانیده میشـود. «دحهـا» همیـن پانگیا اسـت کـه امـروز سـانیس ثابـت کـرده اسـت و قـرآن چهـارده سـال قبـل بـه انسـان گـزارش میدهـد.

أَخْرَجَ مِنْهَا مَآءَهَا وَمَرْعَٰهَا (۳۱)

معنی: و [ازین بنابرین] آب و سبزه زار را خارج کرد.

تفسیر: وقتـی زمیـن توسـعه مـی کنـد و قـاره هـا در اطـراف زمیـن عـرض انـدام مـی کنـد، ابحـار و چراگاه هـا و سـبزه زار هـا در اثـر تقسـیمات آب و رطوبـت بـه وجـود مـی آیـد و حیـات را در زمیـن مهیـا مـی سـازد.

وَٱلْجِبَالَ أَرْسَٰهَا (۳۲)

معنی: و کوه ها را محکم و استوار ساخت.

تفسیر: تفسیر کوه هـا در آیۀ هفتم سورۀ نباء بیان شد.

مَتَٰعًا لَّكُمْ وَلِأَنْعَٰمِكُمْ (۳۳)

معنی: اجناس و چارپایان [برای استفاده و بهره ای فراهم شد]

تفسیر: متـاع مـی توانـد بـه چنـد صـورت معنـی شـود. بهـره گیـری، اجنـاس و لـوازم زندگـی. همچنان چارپایان بـرای اسـتفاده انسان فراهـم شد ماننـد خـر و

اسپ و شتر و غیره. با این آیه خداوند می رساند که بـرای آسـایش زندگی و سهولت در کار هـا متـاع و حیوانات فراهم شده است که همه نعمت های پرورگار است.

فَإِذَا جَاءَتِ ٱلطَّآمَّةُ ٱلْكُبْرَىٰ (٣٤)

معنی: و چون آن واقعهٔ بزرگ در رسد.

تفسیر: هدف از طامه قیامت است که رسیدنی است و روز بازخواست از بندگان که ما بایـد آمـادگی لازم را داشته باشیم.

یَوْمَ یَتَذَکَّرُ ٱلْإِنسَٰنُ مَا سَعَىٰ (٣٥)

معنی: روز که انسان به یاد می آورد بـرای هـر کاری که تـلاش ورزیـده است.

تفسیر: اساساً زندگی این دنیا، زندگانی آن دنیا را می سازد. ما از اعمال خـوب خـود صاحب پاداش می شـویم و از سبب اعمـال خـراب جوابگـوی هستیم. این دنیا بسیار زیباست وقتی ما غافـل نباشـیم ویقیـن داشـته باشیم که روز بازخواست رسیدنی است.

وَبُرِّزَتِ ٱلْجَحِیمُ لِمَن یَرَىٰ (٣٦)

معنی: و شعله های آتش برای تماشای شما آشکار میگردد.

تفسیر: قـرآن مجیـد هشـدار میدهد آنانی را کـه آیـات را انکار میکنند، نتیجتاً تباهی به بـار می آورنـد و خلقت خـدا را نادیـده میگیرند و به ملکیت خدا دسـت درازی میکننـد و نمیداننـد کـه روز بازخواست حق است. نمای از شعله های آتش بـرای شان نشان داده می شود تا بدانند کـه سـخن خدا حق است.

فَأَمَّا مَن طَغَىٰ (٣٧)

معنی: پس آنکه طغیان کرد.

تفسیر: آنانیکه سرکشی میکنند و از حدود خـود تجاوز مـی کنند مسئول تجـاوز خـود خواهنـد بـود. هـم در دنیا و هـم در آخرت.

وَءَاثَرَ ٱلْحَیَوٰةَ ٱلدُّنْیَا (٣٨)

معنی: و زندگی دنیا را ترجیح داد.

تفسیر: ایـن بدیـن معنی نیست کـه مـردم کار نکننـد، زحمـت نکشـند و

سرمایه نداشته باشند و یا زندگی آسوده نداشته باشند. هدف از ترجیح این دنیا این است که خداوند همه نعمت ها را برایش مهیا کرد و اما فراموش میکند که ازین نعمت ها سوال شدنی است. طور مثال اگر علم آموختی آیا مردم از علم تو مستفید شدند؟ اگر ثروت اندوختی آیا به فقیر و بیچاره کمک کردی؟ کسانی به زندگی دنیا غرق می شوند که آخرت و مسولیت های که در مقابل خدا و مردم دارند فراموش میکنند. اولاد خود را فراموش میکنند که تربیه سالم شود. حقوق مردم را به خاطر منافع اقتصادی پایمال میکنند.

فَإِنَّ ٱلْجَحِیمَ هِیَ ٱلْمَأْوَىٰ (۳۹)

معنی: پس جایگاه شان درآتش است.

تفسیر: هدف از جحیم، جهنم است. کسانیکه مسئولیت های شانرا در مقابل خدا و خلق خدا فراموش میکنند، وفراموش میکنند روز بازخواست آمدنی است و آیات کلام الله مجید را که برای سعادت شان نازل شده انکار میکنند جایگاه شان جهنم است یعنی آتش دوزخ.

وَأَمَّا مَنْ خَافَ مَقَامَ رَبِّهِ وَنَهَى ٱلنَّفْسَ عَنِ ٱلْهَوَىٰ (٤٠)

معنی: و اما آن کس که از مقام خداوند بیم داشت و خود را از هوس های [بیهوده] به حفظ کرد.

تفسیر: عدالت خداوند همین است که آنانیکه مقام خدایی خداوند را بشناسند و از حدود شان تجاوز نکنند و خود شان بالاتر از خدا مانند فرعون ندانند و آیات را که برای آسودگی و سعادت بشر نازل شده انکار نکنند و از هوس های بیهوده پیروی نکنند در حفظ خداوند هستند.

فَإِنَّ ٱلْجَنَّةَ هِیَ ٱلْمَأْوَىٰ (٤١)

معنی: پس جایگاه او جنت است.

تفسیر: در ادامه آیهٔ چهل پس آنانیکه خدا پرست هستند و در راه خلق خدا زحمت می کشند و برای ارمان های خدا زندگی میکنند و عدالت را بر پا می کنند جایگاه شان بهشت است.

یَسْـَٔلُونَكَ عَنِ ٱلسَّاعَةِ أَیَّانَ مُرْسَىٰهَا (٤٢)

معنی: از تو در بارهٔ ساعت موعود سوال میکنند که چه وقت می باشد.

تفسیر: مردم کنجکاو هستند و میخواهند بدانند که قیامت چه وقت بر

پا می شود و دریـن بـاره سـوال می کنند. امـا نـه می دانند کـه ایـن یـك راز اسـت بیـن خـدا و مـردم تا مـردم همیشـه آمـاده باشند و وقتی آن سـاعت می رسد پشیمان نشوند. اگـر مـردم ایـن راز را بدانند رسالت انسانی شان را تکمیـل نـه می کنند. بایـد زحمـت بکشند و امیـد وار باشند. اساساً زمان یـك انگاشت است کـه بـرای انسان خلـق شـده است. خداوند بـه زمان نیاز ندارد. نکتهٔ قابل تعمق ایـن است کـه هـر چیـز یـك خاتمـه دارد بشمول زندگی ما کـه از روز رفتـن خـود نـه می دانیـم.

فِیمَ أَنتَ مِن ذِكرَٰهَآ (٤٣)

معنی: تذکر این موضوع به تو ربط ندارد.

تفسیر: هستند راز هـای خداونـد کـه او و نـه میخواهد تا انسان بداند. چـون انسـان بـا یـك مغـز بسیار فـراخ خلـق شـده است همیشـه در کوشـش است تا هـر چیز را بداند کـه ایـن مقـام انسانیت را بسیار بـالا می بـرد. همـه اکتشافات و اختراعـات کـه مـا شـاهد هستیم بـه خاطـر ایـن است کـه انسان میخواهد بداند و کشـف کند بـه شمول راز هـای خلقت را. امـا انسان فرامـوش می کند بـه یـاد بیاورد کـه جستجوی او هـم یـك حدود دارد. دریـن آیه خداونـد بـه انسـان مـی گویـد در کار کـه مربـوط تـو نیسـت دخیـل نشـو زیـرا بیفایـده است. پـس انسـان بایـد حدود اش را بشناسـد.

إِلَىٰ رَبِّكَ مُنتَهَٰهَآ (٤٤)

معنی: انتهای همه چیز بدست پروردگار است.

تفسیر: هـر چیـز دریـن زندگی یـك حـدود دارد. هرچیز یـك آخـر دارد. امـا سـرانجام همـه کار هـا بـه پـروردگار بر میگـردد. ایـن مهمتریـن نکتهٔ خداشناسی اسـت و مهمتر اینکـه مـا مسئول همـه اعمـال و کـردار و گفتـار خـود هستیم. ایـن آیـه انسان را در مقابـل خـودش و خـدا و خلـق خدا مسئولیت می بخشد و مقـام زیبـای انسـانی همیـن است.

إِنَّمَآ أَنتَ مُنذِرُ مَن یَخشَٰهَا (٤٥)

معنی: تو تنها هشدار می دهی به آنانیکه [از خدا پروا] دارند.

تفسیر: ایـن آیـه بـرای اهـل ایمـان است کـه وظیفهٔ پیامبـر هشدار دادن آنان اسـت نـه فشـار آوردن و تحمیل دیـن. وظیفـه پیامبران یادآوری کـردن است. امـا آنانیکـه ایمـان نیاورده انـد یـاد آوری کنی یا نکنی بیهـوده است. امـا اهـل ایمـان بـه یـادآوری ضرورت دارنـد تا همیشـه استوار قـدم باشند.

كَأَنَّهُمْ يَوْمَ يَرَوْنَهَا لَمْ يَلْبَثُواْ إِلَّا عَشِيَّةً أَوْ ضُحَٰهَا (٤٦)

معنی: روزی را بنگرند که [متوجه می شوند] اقامت شان درین دنیا مانند شامگاهی و بامدادی چیزی بیشتر نبوده است.

تفسیر: در زبان عامیانه می گوییم که روز و شب چطور زود می گذرد. شب روز می شود و روز شب و هیچ نه می فهمیم. زندگی دینا هم همینطور است. زود گذر است. وقتی صبحانه بیدار می شویم که شب گذشته است یک خواب است که دوباره تکرار نمیشود. پس باید به خود آییم که وقتی بعد از مرگ بیدار می شویم زندگی دنیا یک درنگ بیش نبوده است. باید غافل نباشیم. باید توجه کنیم که ما در زندگی چه باید بکنیم که تا وقتی بیدار می شویم نزد پروردگار خجالت و شرمسار نباشیم.

سُورَةُ عَبَس

مقدمه

سوره‌ء مکی است و چهل و دو آیه است. از نگاه علم جامعه شناسی فوق العاده یک سوره‌ء مهم و آموزنده است. عبس به معنی اخم کردن، روی بر تافتن و چهره در هم کشیدن است. امام غزالی طوسی علیه الرحمه این سوره را «گوهرعلم» نام نهاده است. این سوره انسان سرکش را متوجه می سازد که کفر به خدا و قرآن زوال انسان است. باید به آفرینش خود عمیق شود. به روز آخرت تعمق کند. همچنان این سوره سخن از ایکولوژی دارد که زمین را با باران بارور می سازد. و شکر گزاری از نعمت های خداوند. از بر کردن این سوره فضیلت زیاد دارد وحدیث از پیشوای اسلام در دست است که فرد مومن با از بر کردن این سوره با چهره خندان به بهشت می رود.

شان نزول سوره، ملاقات حضرت رسول اکرم (ص) با سران قریش بود که یک مرد نابینا در مجلس وارد میشود و صحبت را اخلال می کند. چون پیامبر (ص) مصروف جلسه می باشد اخم میکشد که یعنی مصروف است. اینجاست که سوره نازل می شود که او یعنی مرد نابینا از آنها بهتر است. از نگاه جامعه شناسی دو نکتهٔ مهم درین داستان نهفته است. اول احترام به معیوبین است که امروز در جهان پیشرفته بسیار مطرح است. اما متاسفانه در کشور های اسلامی به معیوبین دقت لازم صورت نمیگیرد. دوم آیه طبقات اجتماعی را نفیه میکند زیرا کفار قریش سرداران و اهل زر و سیم بودند و آن مرد فقیر بود. اینجا قرآن مرد مومن با ایمان را بر مرد ثروتمند قریش ترجیح میدهد.اگر کسی بیند که در خواب عبس میخواند با مردم تشرویی می کند.

بِسمِ اللهِ الرَّحمٰنِ الرَّحیمِ

عَبَسَ وَتَوَلَّیٰٓ (١)

معنی: اخم کرد و روی برتافت.

تفسیر: در پیشگفتار این سوره گفتیم که این سوره به خاطر حرمت یک نابینا نازل شد. قرآن شخص نابینا و فقیر را بر ثروتمند قریش ترجیح داد.

أَن جَآءَهُ ٱلۡأَعۡمَیٰ (٢)

معنی: که نابینا نزد وی آمد.

تفسیر: مـرد کـه در جریـان مجلس پیشـوای اسلام (ص) بـا کفار قریـش وارد مجلـس شـد یـک نابینا بـود. در تاریـخ اسلام میخوانیـم کـه ایـن مـرد نابینا و فقیـر، عبدالله بـن ام مکتـوم بـود. میخواسـت تا چند آیـه پیامبر به او بخوانـد. پیامبر کمی ناراحت شـد کـه او مجلـس را اخـلال میکـرد و نخواسـت جـواب گویـد کـه ایـن سـوره بـه حرمـت عبدالله بـن ام مکتـوم نازل شـد.

وَمَا يُدْرِيكَ لَعَلَّهُ يَزَّكَّىٰٓ (٣)

معنی: تو چه درک می کنی شاید او پاکی [دل] پیشه کند.

تفسیر: تو راز دل را چه دانی. امکان دارد که در جستجوی حقیقت باشد

أَوْ يَذَّكَّرُ فَتَنفَعَهُ ٱلذِّكْرَىٰٓ (٤)

معنی: یا پند گیرد و آن پند به سودش باشد.

تفسیر: بـا اینکه نابینا بـود و امـا در جستجوی حقیقت بـود. میخواسـت زیـاد تـر بدانـد. همیـن پشت کار و علاقمنـدی او بـه علـم و معرفـت و آموختـن بـود کـه در کنار صداقـت کـه داشـت یکبـار در غیـاب رسـول کریـم والـی شـهر مدینـه شـد.

أَمَّا مَنِ ٱسْتَغْنَىٰ (٥)

معنی: اما آنکه [از پند تو] اظهار بی نیازی میکند.

تفسیر: ایـن آیـه درمورد رهبر قریـش بـود کـه رسـول اکرم (ص) میخواسـت تـا اسلام را قبـول کنـد زیـرا وقتی سـران و بـزرگان بـه راه راسـت هدایـت می شـدند رعیت شـان بـه تعقیب شـان روان می شـد. اویکـه دل اش در جسـتجوی حقیقت نباشد هیـچ سـودی نـدارد کـه برایـش پنـد دهـی یا ندهی.

فَأَنتَ لَهُ تَصَدَّىٰ (٦)

معنی: پس تو به او می پردازی.

تفسیر: پیامبر(ص) میخواسـت تا دیـن مبیـن را بـرای مـرد ثروتمنـد قریشـی تبلیـغ کنـد و او را از حقیقت خـدا پرسـتی آگاه سـازد.

وَمَا عَلَيْكَ أَلَّا يَزَّكَّىٰ (٧)

معنی: بر تو گناهی نیست اگر [دل او از شرک] پاک نمیشود.

تفسیر: اینجا بـه پیامبر (ص) اطمینـان میدهـد کـه او مسـئول ایمـان مـردم نیسـت. دیـن تحمیـل نمیشـود. اگر قبـول نـه می کنـد پیامبر (ص) کـدام گناهی

را مرتکب نشده است. در زندگی امروز هم آنان که سخن حق را نه می
شنوند ما نباید فشار بیاوریم تا خود شان به تشبث خود اعتقاد پیدا نکنند.
چنانچه یک عده زیاد اروپاییان امروز به تشبث خود به اسلام گرویده
اند.

وَأَمَّا مَن جَآءَكَ يَسْعَىٰ (٨)

معنی: و اما اویکه به کوشش خود [صادقانه] آمده است.

تفسیر: دین بالای مردم تحمیل نمی شود چنانچه در کشور های اسلامی
مروج است. مردم خود شان باید به تلاش خود به اسلام گرایده شوند.
امام مالک علیه الرحمه سخن جالب دارد که انسان پشت علم می رود؛
علم پشت انسان نه می رود. آنانیکه خود شان نه می خواهند حقیقت علم
و دین را درک کنند نه می توان به زور ایشان را مسلمان ساخت. درین آیه
هم به پیامبر می گوید که بگذار خود شان به کوشش و تشبث خود نزد
تو بیایند.

وَهُوَ يَخْشَىٰ (٩)

معنی: و در حالیکه از خداوند خوف دارد.

تفسیر: تنها آنانی به سوی خداوند می آیند که خدا را می شناسند و از
روز آخرت ترس دارد. و با آمدن نزد پیامبر میخواهد بیاموزد و به خدا
نزدیکتر شود.

فَأَنتَ عَنْهُ تَلَهَّىٰ (١٠)

معنی: و اما تو از او [گذشتی] و به دیگری توجه می کنی.

تفسیر: همان داستان نابیناست که پیامبر آن مرد را نادیده گرفت. این
داستان به ما می آموزاند که نباید مردم را به مقیاس لباس و ثروت و
مقام اجتماعی بشناسیم. ما نه می توانیم مردم را به رویت شان زود مورد
قضاوت قرار دهیم.

كَلَّا إِنَّهَا تَذْكِرَةٌ (١١)

معنی: چنین مپندار. [پیام]پند آموز است.

تفسیر: این آیات یک تذکار روشن برای سعادت بشر است مشروط بر
اینکه با غور و تعمق دیده شود. خداوند از لطف بیکران اش برای بشر
بزرگترین هدیه را فرستاده است که برای بندگان یک نعمت بزرگ است.

بندگان نباید ناشکری کنند و این آیات برای همه فرستاده شده است نه یک طبقه خاص مردم.

فَمَن شَاءَ ذَكَرَهُ (١٢)

معنی: پس هر که بخواهد از آن پند گیرد.

تفسیر: درین جا اشاره بر این است که هستند زنان و مردان خدا که این کتاب را سرمشق زندگی قرار میدهند و اما هستند کسانیکه میخواهند با نیت خراب خود را فریب دهند و نمیخواهند بیاموزند و پند گیرند. آنانیکه نه میخواهند پند گیرند خود شان مسئول این دنیا و آخرت هستند و باید شکایت نداشته باشند. و اما اویکه پند گرفته است سعادت دنیا و آخرت نصیبش شده است. زیرا وعده خدا حق است.

فِی صُحُفٍ مُّكَرَّمَةٍ (١٣)

معنی: که در صحیفه های بزرگوار و [افتخار آمیز].

تفسیر: هدف از صحیفه، کتب ارجمند است که از طرف خداوند برای رهنمایی بشریت نازل شده است.

مَّرْفُوعَةٍ مُّطَهَّرَةٍ (١٤)

معنی: بلند مرتبت و پاکیزه.

تفسیر: کتاب الله سبحان و تعالی والا مقام است و پاکیزه از هر گونه آلودگی که انسان ها مرتکب می شوند. این صحیفه بدون شک برای کرامت انسان نازل شده است. صحیفه مُکرم برای انسان مُکرم.

بِأَیْدِی سَفَرَةٍ (١٥)

معنی: به دست کاتبان.

تفسیر: بعد از نزول این کتاب با سرپرستی پیامبر (ص) توسط کاتبان معزز نوشته شده است.

کِرَامٍ بَرَرَةٍ (١٦)

معنی: گرامی و نیکوکار.

تفسیر: اراده پروردگار بوده که صحیفه توسط اشخاص صادق، نیکوکار و با اعتقاد کامل به خداوند و با تقوی به رشته قلم در آید.

قُتِلَ ٱلْإِنسَـٰنُ مَآ أَكْفَرَهُ ﴿١٧﴾

معنی: نابود باد انسان که چقدر ناسپاس است.

تفسیر: بزرگترین ناسپاسی انسان تکذیب آیات است. درک و شعور ندارد که این خداوند است که برایش عقل داده است و اما فراموش می کند و خودش را نه می شناسد. انسان ناسپاس خودش تباهی اش را فراهم میکند.

مِنْ أَيِّ شَيْءٍ خَلَقَهُ ﴿١٨﴾

معنی: خدا او را از چه چیزی آفریده؟

تفسیر: انسان نه می تواند بداند که چگونه خلق شده است. ساینس خلقت درین مورد ناکام مانده است که اصول اساسی خلقت انسان را بیان کند و تا امروز لاینحل است. تیوری ها قانع کننده نیست. خلقت انسان خود، یک راز خداوند می تواند باشد.

مِن نُّطْفَةٍ خَلَقَهُ فَقَدَّرَهُ ﴿١٩﴾

معنی: خداوند او را از نطفهٔ خلق کرد و به [او] قامت موزون داد.

تفسیر: خلقت انسان یا یک قطره از آب منی شگفت انگیز است. مایع منی از مثانه (لوله آلت تناسلی) خارج می شود و حاوی ملیون ها اسپرماتوزوا (اسپرم) است و مایع منی حاصل ترشحات چندین غده است و فقط پنج در صد آن از بیضه ها ترشح می کند و باعث تولید نسل میشود. درین آیه یک موضوع بسیار علمی را خداوند به ما بیان میکند که امروز ساینس میداند. ازین نطفه با لقاح تخمک زن انسان که قد و قامت او بسیار موزون است خلق میشود که مطالعه اندام انسان خود یک مسله علمی دیگر است که امروز ساینس توجه دارد. زیرا خلقت انسان تنها مسله تن شناسی نیست بلکه مسایل روانی و روحی، دوران خون، سلول ها و غیره است که نهایت شگفت انگیز است. حدیث از پیامبر (ص) داریم که کسی که خود را شناخت خدا را شناخت. بلی خدا شناسی از خود شناسی شروع می شود.

ثُمَّ ٱلسَّبِيلَ يَسَّرَهُ ﴿٢٠﴾

معنی: سپس راه [زندگی] را برایش آسان گردانید.

تفسیر: انسان مانند حیوانات اهلی به آموزش و پرورش نیازمند است. خداوند انسان را خلق کرد و به او رسم زندگی را آموخت. همچنان راه و رسم ایمان و اطاعت را آموخت تا انسان بیچاره و سرگردان نشود.

ثُمَّ أَمَاتَهُ ۥ فَأَقۡبَرَهُ ۥ (٢١)

معنی: سپس او را بمیراند و به قبررهنمون کرد.

تفسیر: هرچیز یک آخر دارد. زندگی انسان هم بلاخره ختم میشود و هدف از قبر درین آیه این نیست که ما دفن می شویم بلکه برزخ است یعنی عالم میان دنیا و آخرت قیامت است. میشود که کسی دفن نشود و در اثر غرق شدن در آب دنیا را ترک کند و اما به قبر می رود یعنی همان روز که فوت می کند و روح از بدن خارج می شود همان قبر است.

ثُمَّ إِذَا شَآءَ أَنشَرَهُ ۥ (٢٢)

معنی: هرگاه بخواهد زنده اش می کند.

تفسیر: خداوند زنده کننده است و میراننده همه مخلوقات خود است نه تنها انسان. یکی از راز های خداوند همین است که قدرت دارد تا انسان را دوباره زنده کند که فهم این موضوع برای آنانیکه ایمان ندارند مشکل است. اما برای خداوند که خالق همه جهان هستی است زنده کردن دوباره مشکل نیست زیرا خداوند دانا و توانا است. یکی از اساسات ایمان داری اعتقاد به روز معاد است.

كَلَّا لَمَّا يَقۡضِ مَآ أَمَرَهُ ۥ (٢٣)

معنی: نی! هنوز [انسان] آنچه را که برایش فرمان داده بجا نکرده است.

تفسیر: انسان خلیفه خدا در زمین است و از طرف خداوند یک رسالت الهی دارد. گرچه همه نعمات خداوند برای انسان داده شده است اما انسان هنوز هم موفق نشده تا ازین نعمت ها استفادهٔ درست کند و مرام اصلی خلقت را در زمین خدا پیاده کند. این امر خدا چه می تواند باشد؟ علم و عدالت است که بشر توسط علم و عدالت از طریق بندگی خدا یعنی عبادت به معراج کمال می رسد. زیر بنای تمدن اسلامی هم همین سه است : علم، عبادت و عدالت.

فَلۡيَنظُرِ ٱلۡإِنسَٰنُ إِلَىٰ طَعَامِهِۦ (٢٤)

معنی: سپس انسان باید به خوراکی خویش بنگرد.

تفسیر: انسان از جسم و روح ساخته شده است. جسم انسان که با چشم قابل دید است به غذا احتیاج دارد و این غذا باید همه مواد لازم را داشته باشد نا بتواند انسان را سالم و سر حال حفظ کند و انسان با صحت سالم

منحیث خلیفه خدا مصدر خدمت به هم نوع خود و جهان بشریت شود. وقتی ما امروز مرکبات یک غذا را مطالعه می کنیم می بینیم که هر میوه و ترکاری و یا گوشت حلال از نگاه تغذیه چقدر غنی است و این از نعمت های پروردگار است که برای انسان آماده کرده است.

أَنَّا صَبَبْنَا ٱلْمَآءَ صَبًّا (٢٥)

معنی: ما آب فراوان را سرازیر کردیم.

تفسیر: در کنار غذا یکی از احتیاجات حیاتی زندگی آب است. آب هم از آسمان فرود می آید و هم در اثر ذوب شدن برف از کوه ها سرازیر میشود. از نگاه مطالعات امروزی آب پنج اهمیت عمده در سلامتی انسان دارد. اول انرژی بدن را تقویه می کند. دوم آب نوشیدن باعث لاغری می شود. سوم آب در هضم کمک می کند. چهارم آب مواد مضره را از بدن پاک می کند. پنجم پوست بدن را سالم نگهه میدارد و از خشکی پوست جلوگیری می کند.

ثُمَّ شَقَقْنَا ٱلْأَرْضَ شَقًّا (٢٦)

معنی: سپس زمین را با قطعات شگافتیم.

تفسیر: در اول کرهٔ زمین یک جسم واحد بود و پسان به قاره ها تبدیل شد. همچنان زمین قطعه قطعه یک موضوع علمی زمین شناسی است که در اثر تصادم صفحات تکتانیک زمین صد ها ملیون سال قبل اتفاق می افتد و زمین امروزی را به وجود می آورد.

فَأَنْبَتْنَا فِيهَا حَبًّا (٢٧)

معنی: سپس در آن تخم دانه های نباتی را رویانیدیم.

تفسیر: بعد از تشکل زمین تخم دانه های نباتی خلق میشود تا منبع غذایی برای انسان باشد.

وَعِنَبًا وَقَضْبًا (٢٨)

معنی: و انگور و ترکاری.

تفسیر: انگور یک میوه بهشتی است و قوی ترین انتی اوکسیدنت است. هدف از ترکاری همه سبزیجات سبز مانند خیار، سبزی پالک، کاهو، گشنیز و غیره می باشد. در بعضی تفاسیر سبزی معنی شده است و از نگاه

علم نباتات قضباً ترکاری ها معنی می شود نه تنها سبزی. ترکاری های سبز برای افسردگی بسیار مفید است و شامل مواد ویتامینی هستند که صحت را وقایه می کند. ابن سینا گفته است که خوردن یک دانه کاهو از همه بیماری ها جلوگیری می کند. ترکاری ها برای مغز، بدن و سیستم عصبی انرژی لازم را تهیه می کند. چون کالوری کم دارد از وزن گرفتن هم جلوگیری می کند.

وَزَیْتُوْنًا وَنَخْلًا (۲۹)

معنی: و زیتون و خرما.

تفسیر: دو منبع دیگر مواد غذایی که برای صحت فوق العاده مفید است. زیتون منبع مهم ویتامین E است و برای قلب فوق العاده مفید است و از مرض سرطان و پوکی استخوان جلوگیری می کند. خرما یکی از انتی اوکسیدنت های فوق العاده با اهمیت است که برای صحت عمومی مفید است. همچنان منبع مهم انرژی می باشد. برای استواری استخوان، سهولت بخشیدن ولادت و بهترین منبع قند طبیعی به جای شکر است.

وَحَدَآئِقَ غُلْبًا (۳۰)

معنی: و باغ های پر درخت.

تفسیر: درختان بزرگترین منبع اوکسیژن است که برای پاکی هوا نهایت مهم است. همچنان سایه کردن در ایام تابستان.

وَفَاکِهَةً وَأَبًّا (۳۱)

معنی: و میوه ها و علف زار ها.

تفسیر: و در کنار آن درختان میوه است که منبع بزرگ خوراکی و انرژی برای انسان است. درختان میوه بزرگترین نعمت است که خداوند به بشر ارزانی کرده است و هر درخت میوه منبع سرشار از ویتامین هاست. همچنان علفزار هاست که برای سلامتی حیوانات مخصوصاً حیوانات که برای استفاده انسان شیر تولید می کنند نهایت مهم است. همین علفزارهاست که ما میتوانیم شیر طبیعی داشته باشیم که منبع اساسی کلسیم در بدن است.

مَّتَاعًا لَّکُمْ وَلِأَنْعَامِکُمْ (۳۲)

معنی: برای بهره یابی شما و مواشی شما.

تفسیر: نه تنها که حاصل درختان برای بهره گیری انسان و تغذیه مواشی است در عین زمان این آیه نشان دهنده یک حقیقت بزرگ زیست شناسی یا ایکولوژی است که همه برای زیست باهمی خلق شده است که باید به وجه احسن استفاده کرد.

فَإِذَا جَآءَتِ ٱلصَّآخَّةُ (٣٣)

معنی: چون آواز گوش فرسا در رسد.

تفسیر: اشاره به روز قیامت است که بانگ گوش خراش به صدا در خواهد آمد.

يَوْمَ يَفِرُّ ٱلْمَرْءُ مِنْ أَخِيهِ (٣٤)

معنی: روز که آدمی از برادر خود بگریزد.

تفسیر: روز است که هیچ کس به درد کس دیگر نمیخورد به جز از ایمان و کرامت انسانی مردم که با همدیگر چه نوع پیشامد داشتند. همه مردم سراسیمه می شوند. همه از همدیگر فرار میکنند. برادری در اسلام تنها برادر خونی نیست بلکه همه برادران و خواهران است مانند دوستان و خویشاوندان. هیچکس به درد کسی نمیخورد زیرا هر کس مسئول اعمال و کردار خود است.

وَأُمِّهِ وَأَبِيهِ (٣٥)

معنی: و از مادر و پدرش.

تفسیر: حتی از مادر و پدر فرار میکند که نزدیک ترین و عزیز ترین کسان برای یک شخص هستند. یعنی هیچ کس به درد هیچ کس در آن روز نه میخورد.

وَصَٰحِبَتِهِ وَبَنِيهِ (٣٦)

معنی: و از همسر و فرزندانش.

تفسیر: بعد از والدین همسر و فرزندان است که برای مردم عزیز است و از آنها هم فرار میکند.

لِكُلِّ ٱمْرِئٍ مِّنْهُمْ يَوْمَئِذٍ شَأْنٌ يُغْنِيهِ (٣٧)

معنی: در آن روز هر کس وضعی دارد که به خودش مشغول است.

تفسیر: در روز قیامت، قسمیکه گفته آمد هیچ کس به درد یک دیگر

نمیخورد. نه والدین، نه همسر و فرزندان و نه دوستان. هر کس به حالت است که نه می داند چه کند. تنها آنانی غمگین و سراسیمه نیستند که اهل اعتقاد هستند و کار نیك انجام دادند.

وُجُوهٌ يَوْمَئِذٍ مُّسْفِرَةٌ (۳۸)

معنی: در آن روز چهره های بشاش و درخشان [هم] اند.

تفسیر: با اینکه اکثر مردم سراسیمه و مشوش و سرگردان هستند و اما چهره های درخشان و سرفراز و خشنود هم دیده میشود که این چهره های اهل ایمان و اعتقاد راسخ به خداوند است.

ضَاحِكَةٌ مُّسْتَبْشِرَةٌ (۳۹)

معنی: خندان و شادمان.

تفسیر: قسمیکه گفتیم چهره های اهل ایمان نه تنها در روز آخرت بل در همین دنیا هم چهره های اهل ایمان بشاش و خندان است زیرا تسلیم به ذات اقدس الهی هستند. عبادت خالصانه می کنند و حق از باطل را تفکیك کرده اند.

وَوُجُوهٌ يَوْمَئِذٍ عَلَيْهَا غَبَرَةٌ (۴۰)

معنی: و برخی از چهره ها در آن روزغبار آلود هستند.

تفسیر: بلی! چهره های که به روی شان غبار نشسته از نادانی و غفلت خود شان است که حق را تکذیب کردند و به راه باطل رفتند.

تَرْهَقُهَا قَتَرَةٌ (۴۱)

معنی: بدبختی و گرفتگی آنها را پوشانده است.

تفسیر: تفاوت بین اهل ایمان و تقوی خوشبختی و بدبختی دنیوی و اخروی است. آنهایکه که چهره های بدبخت و گرفته دارند از دست خود شان است نه اینکه خدا خواسته باشد. هدف از سیاهی همان بدبختی است نه اینکه سیاه پوستان بدبخت هستند. در تفاسیر کلاسیك آیه تحت الفظ معنی شده است و این باعث تبعیض بر علیه سیاه پوستان مخصوصا در عیسویت شده است. یك دلیل که سیاه پوستان در طول تاریخ برده گرفته شده اند به خاطر تفسیر غلط تورات و انجیل بوده است.

أُوْلَـٰٓئِكَ هُمُ ٱلْكَفَرَةُ ٱلْفَجَرَةُ (٤٢)

معنی: آنان هم کافران و بد کاران اند.

تفسیر: چرا کفار محکوم شده است برای اینکه صانع جهان هستی را انکار می کنند و این باعث می شود تا بدکاری کنند و به جهان هستی خیانت کنند. به محیط زیست خیانت کنند. به هم نوع خیانت کنند. جهان را برای مقاصد اقتصادی به تباهی بکشانند.

سُورَةُ التّكوير

مقدمه

سورهٔ مکی است یعنی در مکه نازل شده است و بیست و نه آیه دارد. تکویر معانی مختلف دارد و اما معنی تکویر درین سوره درهم پیچیدن است. آیه اول این سوره معنی سوره را واضح می سازد. احادیث متعدد در بارهٔ فضیلت این سوره آمده است. از جمله حضرت رسول اکرم (ص) فرموده است « کسی که سورهٔ اذالشمس کورت را بخواند خداوند او را از رسوایی در آن هنگام که نامه های اعمال گشوده می شود حفظ می کند.»

در اخیر سورهٔ عبس خواندیم که کافران بدبخت هستند و بد کار. سورهٔ تکویر با تشابهات اسرار آمیز آغاز می یابد که از به هم خوردن دنیا و آغاز روز رستاخیز است، سخن دارد. این سوره انسان را در دنیا مسئول میداند و این انسان است که اساساً آخرتش را می سازد. و حقانیت قرآن را در قبال بی اعتمادی های کفار بر علیه پیامبرواضح می سازد. کسی که در خواب بیند که سورهٔ تکویر میخواند از عذاب الهی می ترسد و به طرف مشرق زمین بسیار سفر میکند.

بِسۡمِ ٱللّٰهِ ٱلرَّحۡمَٰنِ ٱلرَّحِیمِ

إِذَا ٱلشَّمۡسُ كُوِّرَتۡ (١)

معنی: آنگاه که آفتاب در هم پیچیده می شود.

تفسیر: تفسیر علمی این آیه چنین است که وقتی آفتاب در هم پیچیده شود روشنی در سطح جهانی ناپدید میگردد و همه جهان تاریک میشود. وقتی همه کاینات تاریک شد جهان هستی از بین می رود و این آغاز روز رستاخیز است. همه جهان هستی به خاطر آفتاب است. آفتاب نباشد زندگی نیست.

وَإِذَا ٱلنُّجُومُ ٱنكَدَرَتۡ (٢)

معنی: و آنگاه که ستارگان تیره شوند.

تفسیر: ستارگان هم از نور آفتاب می درخشند. وقتی روشنی آفتاب خاموش شود ستارگان هم فرومی ریزند و تیره و تاریک می شوند.

وَإِذَا ٱلْجِبَالُ سُيِّرَتْ (٣)

معنی: و آنگاه که کوه ها از بین می روند و مانند سُراب معلوم می شود.

تفسیر: کوه ها ثبات کرهٔ خاکی زمین هستند. کوه ها هم روز رستاخیز از بین می روند و هموار می شوند و چنانچه سُراب از دور معلوم میشود، کوه ها مانند سُراب می شوند که از نزدیک دیگر وجود نخواهند داشت.

وَإِذَا ٱلْعِشَارُ عُطِّلَتْ (٤)

معنی: وآنگاه که شتران حامله به حال خود گذاشته شوند.

تفسیر: در قدیم شترداشتن یک ثروت بزرگ بود و هنوز هم بین مردم صحرا نشین همان اهمیت را داراست. شتران که آبستن بودند زیاد تر ارزش مادی داشت. هدف از آیه این است که ثروت شما در روز قیامت به حال خود باقی می ماند و کدام تغییری به حال و روز شما رخ نمیدهد.

وَإِذَا ٱلْوُحُوشُ حُشِرَتْ (٥)

معنی: و آنگاه که جانوران وحشی جمع شوند.

تفسیر: حیوانات وحشی اکثراً دور از مناطق مسکونی بشری زندگی دارند. بعضی شان از همدیگر می ترسند و بعضی شان از انسان هم خوف دارند. اما وقتی زیست باهمی برهم خورد همه یکجا می شوند و تفاوت ها از بین می رود.

وَإِذَا ٱلْبِحَارُ سُجِّرَتْ (٦)

معنی: و آنگاه که ابحار بجوشند.

تفسیر: در اثر برهم خوردن نظام هستی سطح آب بحر بالا می آید و سرریزه می کند. این سرریزه باعث آب خیزی بزرگ میشود که نتیجتاً مناطق ساحلی و شهر های همجوار منهدم می گردد.

وَإِذَا ٱلنُّفُوسُ زُوِّجَتْ (٧)

معنی: و آنگاه که مردم با قرین [فکری] خود می پیوندند.

تفسیر: مردمان با اینکه سراسیمگی و سردرگمی داشتند اما با اینهم با کسانی پیوند حاصل میکنند که همخوان شان و هم فکر شان هستند. یعنی حتی در روز قیامت مفسد با مفسد پیوند حاصل می کند و مومن با مومن.

وَإِذَا ٱلْمَوْءُ ُدَةُ سُئِلَتْ (۸)

معنی: و آنگاه که از دختر زنده بگور پرسیده شود.

تفسیر: قبل از ظهور اسلام دختر داشتن شرم پنداشته میشد و عرب ها وقتی دختر دار میشدند او را از شرم زنده بگور میکردند و درین آیه خداوند یاد آور میشود که به کدام حق دختران را به گور میکردند.

بِأَيِّ ذَنْبٍ قُتِلَتْ (۹)

معنی: که به کدام گناه کُشته شده اند.

تفسیر: خداوند توجه مردم را به عدالت اجتماعی و جلوگیری از جنایات بشری جلب می کند که به کدام جرم شما دختران را زنده بگور میکردید. اینجا قرآن مسله حقوق بشر را مطرح میکند و قتل عام را که دختران را میکشتند محکوم میکند.

وَإِذَا ٱلصُّحُفُ نُشِرَتْ (۱۰)

معنی: و آنگاه که نامه های اعمال گشوده شود.

تفسیر: موضوع نهایت مهم در اسلام اعتقاد به روز بازخواست است که مردم به محکمه الهی قرار گرفته و مورد قضاوت قرار میگیرند تا انسان صادق از گهنکار تفکیک گردد و عدل الهی تامین شود.

وَإِذَا ٱلسَّمَآءُ كُشِطَتْ (۱۱)

معنی: و آنگاه که جو زمین برکنده شود.

تفسیر: سماء معانی مختلف دارد و اصلا در لغت به معنی طرف بالا معنی میدهد. مفسرین این واژه را آسمان معنی کرده اند که یک معنی آن هم آسمان است. اما وقتی آیهٔ کُشطت در کنار سماء می آید یعنی آسمان برکنده میشود درست مفهوم را افاده نه می کند. اما اگر بگوییم جو زمین بر کنده می شود درست تر است زیرا همه زمین که موجودات حیات دارند برهم میخورد. معانی دیگر سماء عبارت اند از جهت بالا، قسمت مجاور زمین، قشر متراکم هوای اطراف زمین و گاهی کرات بالا هم معنی شده است. چون طرف بالا معنی میدهد از نگاه ساینس هر قدر به طرف بالا برویم فشار هوا کم می شود و از بین می رود و همان است که حیات را ناممکن می سازد.

وَإِذَا ٱلْجَحِيمُ سُعِّرَتْ (۱۲)

معنی: و انگاه که شعله های آتش با حرارت شدید افروخته می شود.

تفسیر: در ترجمه های کلاسیک الجحیم دوزخ معنی شده است. اما الجحیم شعله های آتش است که ما در کوه های آتش فشان می بینیم که سرازیر میشود. چون نظام هستی برهم میخورد، کوه ها هموار میشود و کوه های آتشفشان فواره میکند که این ترسیم که از دوزخ است.

وَإِذَا ٱلْجَنَّةُ أُزْلِفَتْ (۱۳)

معنی: و انگاه که بوستان های سبز(جنت) نزدیک آورده میشود.

تفسیر: باز هم درین آیه الجنه بهشت معنی شده است که درست است و اما برای مردمان صادق و شکر گزار بوستان های سرسبز نزدیک آورده می شود و در آخرت همانا جنت فردوس نصیب شان میگردد.

عَلِمَتْ نَفْسٌ مَّآ أَحْضَرَتْ (۱٤)

معنی: هر آدمی [در آن روز] میداند که چه برای خود قرار داده است.

تفسیر: انسان مسئول اعمال خود است و خودش میداند که چگونه زندگی کرده و توشهٔ آخرت او چه است. در آیات قبلی نشان داد که هم شعله های آتش است برای کسانیکه ظلم کردند و هم بوستان های سرسبز است برای کسانیکه اعمال نیکو انجام دادند.

فَلَا أُقْسِمُ بِٱلْخُنَّسِ (۱٥)

معنی: قسم به آن ستارگان که عقب نشینی میکنند.

تفسیر: ساینس چنین می گوید که هر قدر یک کهکشان از شما دور باشد به همان اندازه زود تر عقب نشینی میکند و از نظر پنهان میشود. در نتیجه ستارگان در کهکشان ما و کهکشان های نزدیک که به زمین نزدیکترند در افزایش نیستند. با اینکه کاینات در توسعه است اما با گذشت زمان کم رنگ تر نمی شوند. خداوند به اجسام که خلق کرده سوگند یاد می کند تا عظمت خود و خلقت اش را بیان کرده باشد.

ٱلْجَوَارِ ٱلْكُنَّسِ (۱٦)

معنی: راست می روند و [گاهی] پنهان می شوند.

تفسیر: درین جا خداوند برای اینکه برای مردم عام فهم باشد گفته است

که ستارگان راست می روند. این حرکت ستارگان در اثر گردش زمین اتفاق می افتد. مدار چرخش زمین به جهت ستاره شمالی در حرکت است. ستارگان در آسمان چنین معلوم می شود که از شرق به غرب در حرکت هستند. در اثر گاز های اتموسفریک که در مقابل ستارگان قرار دارد پنهان می شوند و دیدن شان ملیارد ها سال طول می کشد. یک مسله فضایی که قرآن درین آیه تذکر داده است و امروز ساینس تشریح می کند.

وَٱلَّیلِ إِذَا عَسْعَسَ (۱۷)

معنی:. شب که [از] تاریکی در می آید.

تفسیر: عسعس صیغهٔ ماضی است. به معنی تاریکی در آوردن شب است. و این یکی دیگر از حکمت های خداوند است یعنی چرخش زمین به دور آفتاب. ناصر خسرو شعری دارد با این مصراع:

ایمان به وجود تو جدا گشت ز کفران

چون روز درخشنده جدا از شب عس

وَٱلصُّبْحِ إِذَا تَنَفَّسَ (۱۸)

معنی: و وقتی صبح می دمد.

تفسیر: به حکمت خداوند، طبیعت قوانین خود را دارد. یکی ازین قوانین از دید دانشمندان ساینس و فزیک، قانون صبح است که در قرآن مجید در همین آیه تذکر یافته است. چرا صبح بسیار مهم است برای این است که مغز انسان وقتی از خواب در صبح بیدار می شود حد اکثر قوه دماغی را میداشته باشد که باعث تولید بهتر کاری می شود و انسان انرژی خوبتر دارد. در فرهنگ اسلامی صبح وقت بیدار شدن فضایل زیاد دارد و شدید توصیه شده است. سحر خیزی باعث خوشحالی و سلامتی بدن می شود.

إِنَّهُ ۥ لَقَوْلُ رَسُولٍ کَرِیمٍ (۱۹)

معنی: بیگمان این کلام [فرستاده شده توسط] فرشتهٔ گرانقدر است.

تفسیر: هدف از رسول درین آیه حضرت جبرئیل است که وحی را به حضرت محمد (ص) در غار حرا آورد.

ذِی قُوَّةٍ عِندَ ذِی ٱلْعَرْشِ مَكِينٍ (۲۰)

معنی: [فرشتهٔ] نیرومندی که نزد خداوند عرش منزلت بزرگ دارد.

تفسیر: حضرت جبرئیل علیه السلام از فرشتگان است که نزد خداوند بسیار منزلت بزرگ دارد برای اینکه برای رساندن قرآن موظف میشود و این فرشته قرآن را به همان زیبایی اش به پیامبر اکرم (ص) بازگو می کند. این وحی باعث میشود تا جهان بشریت تغییر کند و یک تمدن جهانی عرض اندام کند.

مُطَاعٍ ثَمَّ أَمِينٍ (۲۱)

معنی: با صلاحیت و امانتکار.

تفسیر: درین جا خداوند به بشریت اطمینان میدهد که قرآن که نازل شده توسط یک فرشتهٔ مقتدر و با صلاحیت و امین شرف نزول یافته است.

وَمَا صَاحِبُكُم بِمَجْنُونٍ (۲۲)

معنی: و [ای مردم] همراه و همدم شما دیوانه نیست.

تفسیر: بعد ازینکه از امانت که فرستاده می شود اطمینان میدهد به مردم می گوید و اطمینان میدهد که پیامبر که این آیات مبارک به او میرسد و همراه و همدم مردم است و از بین خود شان است تصور نکنند که دیوانه است. زیرا مردم قسیمکه پسان دیده شد بسیار سوالات داشتند و پیامبر را دیوانه خطاب کردند و قرآن پیش از پیش به مردم هشدار میدهد که پیامبر دیوانه نیست و سخن حق را به ایشان می رساند.

وَلَقَدْ رَءَاهُ بِٱلْأُفُقِ ٱلْمُبِينِ (۲۳)

معنی: و [جبرئیل] را در افق روشن دیده است.

تفسیر: به اذن خداوند حضرت جبرئیل علیه اسلام در افق روشن ظاهر میشود و وحی را به حضرت محمد (ص) می رساند. اولین وحی سوره علق بود که با اقراء آغاز می شود و در غار حِرا بود. غار حِرا در کوه نور یا جبل النور موقعیت دارد و تقریباً ششصد و چهل متر بلندی دارد.

وَمَا هُوَ عَلَى ٱلْغَيْبِ بِضَنِينٍ (۲٤)

معنی: و او برای آموزش علم غیب بخیل نیست.

تفسیر: محمـد (ص) ماننـد آنـان نیسـت کـه یـک علـم را صاحـب مـی شـوند و بخیلـی میکننـد و آنـرا در انحصـار خـود میداشـته باشـند. ایـن وحـی بـرای مـردم اسـت و بـه مـردم بـه همـه امانتـداری پیشـکش میشـود و در انحصـار محمـد (ص) نخواهـد بـود. پیـام روشـن، واضـح، منـزه از همـه آلودگـی هـا و بـدون کـم و کاسـت بـه مـردم رسـانده میشـود.

وَمَا هُوَ بِقَوْلِ شَیْطَانٍ رَّجِیمٍ (۲۵)

معنی: و ایـن سخن شیطان رانده شده و مطرود نیست.

تفسیر: ایـن سـخن یعنـی قـرآن از جادوگـران و کاهنـان و آنایکـه مـردم را بـا سـحر و جـادو و اعمـال شـیطانی بیـراه مـی سـازند نیسـت. خداونـد در پاکـی وراسـتی و صداقـت ایـن پیـام بـه مـردم اطمینـان میدهـد.

فَأَیْنَ تَذْهَبُونَ (۲۶)

معنی: پس به کجا می روید؟

تفسیر: ایـن پیـام کـه شـما را بـه راه راسـت و شـرافتمند و عزتمنـد رهنمایـی مـی کنـد پـس بـه کجـا خواهیـد رفـت. راه کـه همـه احتیاجـات انسـانی در آن نهفتـه اسـت. راه گمراهـان و مفسـدین نیسـت. راه تعالـی و سـربلندی بشـری اسـت.

إِنْ هُوَ إِلَّا ذِكْرٌ ۰ لِّلْعَلَمِینَ (۲۷)

معنی: این جز تذکاری برای بشریت نیست.

تفسیر: قـرآن مجیـد بـرای همـه بشـریت نـازل شـده اسـت نـه تنهـا مسـلمانان. تذکـری اسـت بـرای آمـوزش و پـرورش انسـانی، کرامـت انسـانی و عدالـت همگانـی.

لِمَن شَاءَ مِنكُمْ أَن یَسْتَقِیمَ (۲۸)

معنی: هر کس از شما که بخواهد درمسیر راست و حق شود.

تفسیر: راه راسـت از نـگاه دیـن همانـا خـدا پرسـتی و توحیـد اسـت کـه انسـان همـه جهـان هسـتی را یکـی مـی بینـد. پنـد میدهـد کـه مـردم از خـواب غفلـت بیـدار شـوند.

وَمَا تَشَاؤُونَ إِلَّا أَن یَشَاءَ ٱللَّهُ رَبُّ ٱلْعَلَمِینَ (۲۹)

معنی: و اما شما اراده نه می کنید مگر اینکه پروردگار عالم بخواهد.

تفسیر: انسـان یـک موجـود آزاد خلـق شـده اسـت و خـود مختـار اسـت هـر

تصمیم که می‌گیرد. اما در مورد شناختن حق و تفکیک حق از باطل همیشه در دو راهی قرار می‌گیرد. اما اگر برای یافتن حق اراده کند خداوند داناست و او را به راه حق رهنمایی می‌کند. اینجا مسله نیت هم مطرح می‌شود که خداوند انسان را نه تنها به تلاش آدمی بلکه نیت او رهنمایی می‌کند. خداوند به انسان آزادی داده است و اما انسان باید بداند که این آزادی در قبال مسئولیت است که به خداوند دارد.

سُورَةُ الاِنفِطار

مقدمه

انفطار سورۀ مکی است و نوزده آیه دارد. انفطار به معنی شگافتن است و عنوان این سوره از آیۀ اول گرفته شده است. این سوره مسایل قیامت و روز آخر جهان هستی را مطرح می کند. همچنان ماموریت فرشتگان و ثبت اعمال مردمان را. سوره توجه جهانیان را به مظفر شدن اسلام جلب می کند و سخن دارد از بیچارگی آنانیکه در اثر کامیابی اسلام ناامید می شوند. امام غزالی طوسی علیه الرحمه در کتاب جواهر القرآن این سوره را جوهر علم نامیده است. کسی در خواب بیند که انفطار میخواند از عذاب الهی ترسان است و همچنان دوستدار مال و نعمت است.

بِسمِ ٱللهِ ٱلرَّحمَٰنِ ٱلرَّحِیمِ

إِذَاٱلسَّمَآءُ ٱنفَطَرَتْ (١)

معنی: آن زمانیکه کرات آسمانی ازهم شگافته شود.

تفسیر: السماء اکثراً آسمان معنی شده است. درست است که یک معنی السماء آسمان است. اما امروز علم ساینس برای ما مسایل فضایی را خوبتر و بهتر از گذشته تشریح کرده است. آسمان از گاز ها (نایتروژن ٧٨ در صد و اوکسیژن ٢١ در صد) و از آب به شکل بخار تشکیل شده است. اگر امروز ما بگوییم که آسمان شگافته شود مفهوم واقعی آیه را افاده نه می کند. از نگاه علم ستاره شناسی، آسمان همه کرات آسمانی یا فضایی و همچنان ذرات خورد وبزرگ که در فضا وجود دارد، در بر میگیرد. و همین اجسام هستند که شگافته می شود یعنی نظام کهکشان شگافته می شود و منهدم میگردد و این پیش گویی روز قیامت است از جانب خداوند.

وَإِذَا ٱلْكَوَاكِبُ ٱنتَثَرَتْ (٢)

معنی: و آنگاه که سیارگان پراگنده شوند.

تفسیر: درین آیه می بینید که واژه کوکب که جمع آن کواکب است به جای نجم استعمال شده است که هر دو مترادف همدیگرند و درست است که کوکب ستاره معنی میدهد اما کوکب از نگاه علم ستاره شناسی سیاره است و اجسام بزرگ کروی هستند. در آخرت همین کرات که در آیۀ اول آمده است همه تیت و پراگنده می شوند و نظم خلقت به اِذن

خداوند به هم میخورد.

وَإِذَا ٱلْبِحَارُ فُجِّرَتْ (٣)

معنی: و آنگاه که اقیانوس ها منفجر میشود.

تفسیر: در زبان فارسی ما بحر داریم که توتۀ عظیم آب است و از عربی گرفته شده است و معنی فارسی آن اوقیانوس است مانند اوقیانوس آرام. همچنان دریا و رودخانه داریم. دریا و رودخانه مترادف همدیگر اند، و همچنان بحر و اوقیانوس مترادف همدیگرند. درین آیه سخن از ابحار یا اوقیانوس ها است که در اثر زمین لرزه های زیر بحر آب خیزی های بزرگ منفجر می شود و شهر ها را از بین می برد. یکی ازین آب خیزی ها همان سونامی سال ٢٠٠٤ در اندونیزیا بود که دو صد سی هزار نفر را کشت و چهارده کشور را غرق آب کرد. همین سونامی که در آخرت هم اتفاق می افتد و اما ما علامه های آنرا در همین دینا تجربه کردیم. و این برای بیداری مردم است که از خواب غفلت بیدار شوند.

وَإِذَا ٱلْقُبُورُ بُعْثِرَتْ (٤)

معنی: و آنگاه که قبر ها زیر و رو شود.

تفسیر: زمانیکه همه نظام هستی بر هم میخورد پس هر آن چیزیکه ما به چشم می بینیم زیر و رو میشود به شمول قبر ها که ما فکر می کنیم در آرامش قرار دارند و از آنجایکه ما به آخرت اعتقاد داریم و روز بازپرس ؛ مردگان هم برای روز بازخواست آماده می شوند.

عَلِمَتْ نَفْسٌ مَّا قَدَّمَتْ وَأَخَّرَتْ (٥)

معنی: [درین روز است] که هر کس بداند چه [برای اخرت] از پیش کمایی کرده و چه فرو گذاشته است.

تفسیر: یکی از ارکان ایمان اعتقاد به روز آخرت است. انسان های با ایمان حتی که مرتکب گناه و اشتباه شده باشند برای توشۀ آخرت آمادگی میگیرند. کار های نیک می کنند که همه در اعمال نامه شان ثبت است و اویکه غافل از آخرت است به نادانی خود دوام میدهد و توشۀ آخرت ندارند.

یَٰٓأَیُّهَا ٱلْإِنسَٰنُ مَا غَرَّكَ بِرَبِّكَ ٱلْكَرِیمِ (٦)

معنی: ای انسان! چیست که تو را در مقابل پروردگار بخشنده ات مغرور

ساخته است.

تفسیر: بـرای اینکـه خداونـد بـه انسـان آزادی داد، عقـل داد، شـعور داد و ذکاوت داد انسان تصور می کند که اینها همه طبیعی است و خداونـد درین نعمت ها نقشی نداشته است. این خود نشناسی باعث میشود که به بیراهه بـرود در حالیکـه حتی مـرگ خـود را نـه می توانـد پیش بینی کنـد. خالـق را فراموش می کنـد و برایش غرور و خـود خواهی دست میدهد و ایـن غـرور از نادانی سـر می زنـد و بسیار کشنده است. در آیـه رَب آمده است. موجودی کـه انسـان از او می آمـوزد و انسـان مغـرور فرامـوش میکنـد کـه آمـوزگار اصلـی او خداونـد است.

اَلَّذِى خَلَقَكَ فَسَوَّاكَ فَعَدَلَكَ (٧)

معنی: همان که تو را خلق کرد و توازن [روحی و جسمی] بخشید.

تفسیر: خداونـد خالـق انسـان است و انسـان یـک موجـود است کـه بـه حکمـت خداونـد بـا تعادل روحی و جسمی آفریده شده است. این آیـه تیـوری داروین را کـه انسـان از نسل میمـون است رد میکنـد. مخصوصا کـه امـروز تیـوری داروین از نگاه ساینس غلـط ثابت شـده است.

فِىٓ أَىِّ صُورَةٍ مَّا شَآءَ رَكَّبَكَ (٨)

معنی: به هر صورتی که خواست تو را ترکیب نمود.

تفسیر: یکی دیگـر از حکمـت هـای خداونـد است کـه بـه انسـان قسمیکه میخواهـد سـر و صـورت او را شکل میدهـد و اجـزای بـدن را قسـمیکه در بالا تذکـر یافت تـرکیب می نمایـد.

كَلَّا بَلْ تُكَذِّبُونَ بِٱلدِّينِ (٩)

معنی: چنین نیست بلکه روز بازپرس را تکذیت می کنید.

تفسیر: یکـی از اساسات خـدا شناسی و دین شناسی اعتقاد بـه روز آخرت است. آنانیکـه ایمـان نـه می آورنـد و یـا منافق هسـتند روز آخرت را انکار میکننـد.

وَإِنَّ عَلَيْكُمْ لَحَٰفِظِينَ (١٠)

معنی: و به یقین برای شما [فرشتگان] محافظ است.

تفسیر: فرامـوش نکنیـد کـه شـما تنهـا نیستیـد. نگهبانان هسـتند کـه شـما را محافظت می کننـد و همچنان اعمـال شـما را می نویسند. این نگهبانان بـرای

دو جهـت است اول اینکه فرشتگان الهـی بـه اِذن پـرورد گار مراقب و محافظ و نگهبان شماست و این یکی از نعمت هـای پروردگار است. دوم اینکـه اعمـال شمـا را می نویسند تا عدالت در آخرت تامین شود و در حق شما بـی عدالتی صورت نگیـرد. پس کوشش کنیـد تا همیشه اعمال نیک انجام دهید.

کِرَامًا کَـٰتِبِینَ (١١)

معنی: نویسندگان با کرامت.

تفسیر: فرشـتگان کـه بـا کمال امانـت داری و کرامت اعمـال شمـا را بـرای تامیـن عدالـت می نویسـند تا جزیی تریـن بـی عدالتـی رُخ ندهد.

یَعْلَمُونَ مَا تَفْعَلُونَ (١٢)

معنی: می دانند آنچه می کنید.

تفسیر: فرشـتگان الهی می دانند کـه شما چه می کنیـد و چه نه می کنیـد و همـه اعمـال را کتابـت می کنند. ایـن است عدالـت خداونـدی کـه مـردم غافـل است.

إِنَّ ٱلْأَبْرَارَ لَفِی نَعِیمٍ (١٣)

معنی: همانا نیکوکاران در جنت پر از نعمت اند.

تفسیر: گفتیـم کـه ایـن همـه کتابـت بـرای تامیـن عدالت است. آنانیکه کار هـای نیـک می کنند پاداش اعمال شـان جنات نعیم یا بهشت پُر از نعمـت است.

وَإِنَّ ٱلْفُجَّارَ لَفِی جَحِیمٍ (١٤)

معنی: و به یقین بدکاران در جهنم هستند.

تفسیر: عدالـت خداونـد همیـن است کـه آنانیکه کار نیـک می کنند در بهشـت هسـتند و آنانیکه کار بـد می کنند جـای شـان جهنـم است. دو آیـئ فـوق مصداق قـوی بـه روز آخرت است کـه مـردم توجه کنند که عدالت خداونـدی در روز بازپرسـی است.

یَصْلَوْنَهَا یَوْمَ ٱلدِّینِ (١٥)

معنی: که روز جزا در آن می سوزند.

تفسیر: دریـن جا یصلونها سـوختاندن معنی میدهـد یعنی کسانیکه در دوزخ

داخـل شـده انـد نظـر بـه آیـه بلـی پـس جزایشـان سـوختاندن است. یـک معنـی صـلاه هـم سـوختاندن است. یعنـی وقتـی نمـاز مـی خوانیـد گناهـان تانـرا مـی سـوزانید.

وَمَا هُمْ عَنْهَا بِغَآئِبِينَ (١٦)

معنی: قادر نخواهند بود که از آن دوری کنند.

تفسیر: مجرمیـن بـه جـزای اعمـال خـود خواهنـد رسـید هـم دریـن دنیـاو هـم در آخـرت و از آن بیـرون شـده نـه مـی تواننـد.

وَمَآ أَدْرَلكَ مَا يَوْمُ ٱلدِّينِ (١٧)

معنی: توچطور میتوانی درک کنی که روز جزا چیست؟

تفسیر: انسـان موجودکنجکاو، متشبث و هوشیار اسـت اما دربسیاری مـوارد حکمـت و راز زندگـی را نمیدانـد. راز هـای در خدا شناسـی اسـت کـه انسـان قـادر نیسـت درک کنـد و یکـی آن روز جزاسـت. ایـن عـدم درک انسـانی باعـث بربـادی اش میشـود و امـا همیـن نکتـه را هـم نمیدانـد تا ایمـان راسـخ بـه خداونـد نداشـته باشـد.

ثُمَّ مَآ أَدْرَلكَ مَا يَوْمُ ٱلدِّينِ (١٨)

معنی: باز تو چه میدانی که روز جزا چیست؟

تفسیر: تکـرار احسـن اسـت کـه توجـه انسـان را جلـب کنـد کـه فکر کنـد، تعقـل کنـد اگـر بتوانـد بـه نتیجۀ درسـت برسـد و راه راسـت و حـق را پیـدا کنـد.

يَوْمَ لَا تَمْلِكُ نَفْسٌ لِّنَفْسٍ شَيْئًا وَٱلْأَمْرُ يَوْمَئِذٍ لِّلَّهِ (١٩)

معنی: روز اسـت کـه کسـی بـرای کسـی دیگـر چیـزی کـرده نـه مـی توانـد و همـه امـور در دسـت خداونـد است.

تفسیر: قسـمیکه مـی دانیـم در روز قیامـت حسـاب اعمـال بسـته مـی شـود و دریـن روز اسـت کـه هیـچ کـس بـه درد کسـی نمیخـورد. روز حسـاب دهـی اسـت بـه دربـار خداونـد. مـا همـه بایـد بیـدار باشـیم و از خـواب غفلـت برخیزیم.

سُورَةُ المطفّفِينِ

مقدمه

سورۀ مکـی اسـت و دارای سـی و شـش آیـه مـی باشـد. المطففین یعنی کـم فروشان. کسانیکه در بـازار تقلـب مـی کننـد و یـا فریبکاری میکننـد، این آیـه هشدار میدهـد. همچنان این آیـه حاکـی اسـت کـه گناهـان بـزرگ از عـدم ایمـان بـه خـدا سـر مـی زنـد و اجرو پـاداش بـرای نیکـو کـاران و جزا بـرای بـد کاران. حضـرت رسـول کریـم در مورد فضیلـت این سوره فرمـوده اسـت « هـر کـس سـورۀ مطففین را بخوانـد خداونـد او را از شـراب طهورزلال و خالص کـه دسـت کسـی بـه آن نرسیده اسـت سیراب مـی کنـد. اگر کسـی در خـواب بینـد کـه مطففین میخوانـد خواستار راستی و درستی است.

بِسمِ اللهِ الرَّحمٰنِ الرَّحِيم

وَيْلٌ لِّلْمُطَفِّفِينَ (۱)

معنی: وای [بر حال] کم فروشان.

تفسیر: این آیـۀ کوتـاه دو سه مسله را احتـوا مـی کنـد. اول اقتصادی کـه تجـار و مـردم کـه تجـارت میکردنـد کـم فروشـی میکردنـد و حـق مـردم را از نـگاه اقتصـادی پایمـال میکردنـد. دوم مسله اخلاقی موضوع اسـت کـه این پیشـامد بـا مـردم اخلاقـی نبـود. سـوم آیـه حاکـی ازیـن اسـت کـه تجـار بـه خاطـر منافع شـخصی مـردم را اسـتثمار میکننـد.

اَلَّذِينَ إِذَا اَكْتَالُواْ عَلَى اَلنَّاسِ يَسْتَوْفُونَ (۲)

معنی: آنانیکه چون از مردم پیمانه میگیرند آنرا مکمل دریافت می کنند.

تفسیر: آنانیکه قدرت اقتصادی در دسـت دارنـد حـق خـود را مکمـل دریافت مـی کننـد و ایـن را حـق قانونـی خـود میداننـد. چنانچـه مـا در معامـلات گاز و نفـت در خـاور میانه دیدیـم کـه خارجیـان استثمارگر حـق خـود را مکمـل بـرای منافع خـود دریافـت میکردنـد و دیگـران را استثمار میکردنـد.

وَإِذَا كَالُوهُمْ أَو وَّزَنُوهُمْ يُخْسِرُونَ (۳)

معنی: و چون به دیگران پیمانه دهند وزن کم کنند و کم میدهند.

تفسیـر: گفتیـم کـه بهتریـن مثـال در استثمار منابع اسـلامی توسـط شـرکت هـای انگلیسـی و امریکایـی بـود و اسـت. بـا قـرار داد هـای فریبکارانه حـق مـردم

را میخورند. نتیجه این استثمار که برای خود زیاد تر میگرفتند و برای دیگران کمتر را در ملی ساختن نفت ایران در سال ۱۹۵۱ دیدیم که ایران استقلال اقتصادی خود را گرفت. این آیه تنها برای ترازوی یک دکاندار عادی نیست. هر گاهی که مسلمانان قرارداد میکنند باید منافع مردم را بسنجند در غیرآن توسط شرکت های خارجی استثمار می شوند.

اَلَا يَظُنُّ أُوْلَـٰئِكَ أَنَّهُم مَّبْعُوثُونَ (٤)

معنی: آیا آنها باور ندارند که برانگیخته می شوند.

تفسیر: جهان، جهان اقتصاد و سرمایه است و اینکه چگونه مدیریت می شود. کسانیکه به استثماراقتصادی دست می زنند مرتکب ظلم بزرگ می شوند. کسانی این کار را میکنند که به آخرت و روز بازپرسی اعتقاد ندارند و غافل هستند.

لِيَوْمٍ عَظِيمٍ (٥)

معنی : روز بزرگ [رسیدنی است].

تفسیر: روز بزرگ همانا قیامت و روز باز پرس است که همه مردم مسلمان و غیر مسلمان در مقابل عدالت خداوندی قرار میگیرند و در آن روز دیگر نه یار دارند و نه یاورو نه کسی می تواند ایشان را نجات دهد.

يَوْمَ يَقُومُ ٱلنَّاسُ لِرَبِّ ٱلْعَلَمِينَ (٦)

معنی: روزی که مردم در پیشگاه پروردگار عالمیان قرار گیرند.

تفسیر: درین آیه واژه الناس یعنی مردم آمده است. یعنی که همه مردم جهان مورد بازخواست قرار میگیرند نه تنها مسلمانان زیرا خداوند رب عالمیان است.

كَلَّا إِنَّ كِتَـٰبَ ٱلْفُجَّارِ لَفِى سِجِّينٍ (٧)

معنی: چنین نیست؛کارنامۀ اعمال بدکاران در دفتر سیاه است.

تفسیر: مسلمانان را عقیده برین است که در روز آخرت آنان که مرتکب گناه شده اند اعمال شان ثبت شده است و همچنان آنانیکه کار های نیک کرده اند اعمال شان ثبت شده است. کارنامۀ آنانیکه مرتکب اعمال بد شده اند در سجین است. سجین یعنی دفتر سیاه و بد نام نوشته شده است.

وَمَآ أَدْرَىٰكَ مَا سِجِّينٌ (۸)

معنی: و تو چه درک داری که سجین چیست؟

تفسیر: انسان، قسمیکه در گذشته گفتیم تصور می کند که همه چیز را می داند و این روحیه از غرور انسانی است. خداوند انسان را مخاطب قرار میدهد و توجه اش را جلب می کند که تو چه میدانی یا درک می کنی که سجین چیست. سجین بسته اعمال نوشته شده است که با سیاهی یعنی بدبختی انسانی نوشته شده است.

كِتَٰبٌ مَّرْقُومٌ (۹)

معنی: کتاب یا اعمال نوشته شده است.

تفسیر: اعمال نوشته شده که مجازات اعمال بد انسان است. ما همیشه تصور می کنیم که هیچ موجودی نیست که ما را ببیند و یا این را هرگز تصور نه می کنیم که ذره ذره اعمال ما نوشته میشود و از ما بازخواست می شود.

وَيْلٌ يَوْمَئِذٍ لِّلْمُكَذِّبِينَ (۱۰)

معنی: وای در آنروز بر تکذیب کنندگان.

تفسیر: آنانیکه در روز موعود، آیات کلام الله را تکذیب می کنند وای به حال شان که نه یار دارند و نه یاور. در آن روز هیچ کس به داد شان نمیرسد به جز ایمان به خدا و قبول حقانیت خداوند.

ٱلَّذِينَ يُكَذِّبُونَ بِيَوْمِ ٱلدِّينِ (۱۱)

معنی: همان ها که روز جزا را دروغ می پنداشتند.

تفسیر: قسمیکه می دانیم یکی از اساسات عمدهٔ ایمان داری اعتقاد به روز معاد است و کسی که به این مسله اعتقاد ندارد نه تنها که کافر بالله است روز خوش نخواهد داشت.

وَمَا يُكَذِّبُ بِهِ إِلَّا كُلُّ مُعْتَدٍ أَثِيمٍ (۱۲)

معنی: و تنها کسانی آنرا انکار میکنند که متجاوز و گنهکار اند.

تفسیر: تفاوت میان اهل ایمان و غیر آن همین است که متجاوزین و گنهکاران انکار می کنند و به عذاب بزرگ گرفتار خواهند شد. معتدین آنان هستند که از حد خود می گذرند و به حدود الهی تجاوز میکنند و

گناه کردن برای شان آسان است.

إِذَا تُتْلَىٰ عَلَيْهِ ءَايَٰتُنَا قَالَ أَسَٰطِيرُ ٱلْأَوَّلِينَ (۱۳)

معنی: هنگامیکه آیات ما بر او خوانده میشود، میگوید اینها افسانه های گذشتگان است.

تفسیر: آنانیکه ایمان نه می آورند وقتی آیات خدا بر آنها خوانده شود تصور میکنند که افسانه است یعنی حقیقت ندارد و یا افسانه گذشتگان است. نمیخواهند حقیقت را درک کنند و یا بدانند. در یک خواب غفلت عجیب به سر می برند.

كَلَّا ۖ بَلْ رَانَ عَلَىٰ قُلُوبِهِم مَّا كَانُوا۟ يَكْسِبُونَ (۱٤)

معنی: چنین نیست بلکه [در اثر] اعمال شان دل های شانرا زنگ زده است.

تفسیر: دین اسلام در زندگی روزمره به اساس سه «ع» است یعنی عقل، عقیده و عمل. اساس کار هر انسان عقیدۀ اوست که در عمل پیاده میکند. اگر عقیده ضعیف باشد و یا عقیدۀ نادرست باشد نتیجه آن این است که دلها را زنگ میزند و انسان به بیراهه کشانده می شود. پس این اعمال بد ماست که از عقیدۀ غلط سرچشمه میگیرد و دل های ما دیگر نوای خدا پرستی ندارد و همان است که به دست خود بیچاره می شویم.

كَلَّا إِنَّهُمْ عَن رَّبِّهِمْ يَوْمَئِذٍ لَّمَحْجُوبُونَ (۱٥)

معنی: چنین نیست، همانا در آن روز از رحمت پرورد گار محروم اند.

تفسیر: درین آیه مفسرین گرانقدر محجوبون را یا حجاب معنی کرده اند و یا همان واژه عربی را به کار بردند و محجوب گفتند و یا پرده که از نگاه لغوی درست است و اما معنی تحت الفظی است که درست مفهوم را افاده نه می کند. آیه در رابطه به آیۀ قبلی است یعنی آنانیکه دل های زنگ زده دارند از دیدار و رحمت پرورد گار در آن روز پنهان می باشند یا در پرده می باشند یعنی محروم می شوند.

ثُمَّ إِنَّهُمْ لَصَالُوا۟ ٱلْجَحِيمِ (۱٦)

معنی: پس اینها در آتش جهنم می سوزند.

تفسیر: بعضی مفسرین محترم داخل شدن در دوزخ معنی کرده اند. اما وقتی به ریشه واژه لصالوا رجوع می کنیم سوختاندن است. کسانیکه

آیـات خـدا را تکذیـب مـی کننـد در آتـش جهنـم مـی سـوزند و راه گریـز ندارنـد.

ثُمَّ يُقَالُ هَٰذَا ٱلَّذِى كُنتُم بِهِۦ تُكَذِّبُونَ (١٧)

معنـی: سـپس بـه آنهـا گفتـه میشـود: ایـن همـان چیـزی اسـت کـه شـما دروغ مـی پنداشـتید.

تفسیر: حقیقـت زندگـی واقعـی انسـان در روز جـزا و بـاز پـرس آشـکار مـی شـود. نـه تنهـا روز بازخواسـت اسـت روز عـدل الهـی اسـت و نبایـد غافـل بـود. روز اسـت کـه حـق بـه حـق داد مـی رسـد.

كَلَّآ إِنَّ كِتَٰبَ ٱلْأَبْرَارِ لَفِى عِلِّيِّينَ (١٨)

معنـی: نـه ! چنیـن نیسـت، بـدون شـک کارنامـه اعمـال نیکوکاران در [جایگاه] علییـن اسـت.

تفسیر: وعـدهٔ خداونـد حـق اسـت و آنانیکـه کار هـای نیـک انجـام میدهنـد کارنامـه اعمـال شـان بـدون شـک و تردیـد در اعلـی علییـن قـرار دارد و ازیـن بابـت بایـد مطمیـن باشـند. حضـرت رسـول کریـم (ص) فرمـوده اسـت کـه علییـن آسـمان هفتـم و زیـر عـرش خداسـت.

وَمَآ أَدْرَٰكَ مَا عِلِّيُّونَ (١٩)

معنـی: و تو چه درک آنرا داری که علیون چیست؟

تفسیر: علیون جایگاه بلند مرتبه است که اعمال صالحین ثبت است.

كِتَٰبٌ مَّرْقُومٌ (٢٠)

معنـی: نوشته شدهٔ خوانا و روشن.

تفسیر: یعنـی دریـن کارنامـه اعمـال کـه در جایـگاه بلنـد بـه خاطـر کار هـای نیـک و ایمانـداری و خدمـت بـه خلـق اسـت بسـیار واضـح و روشـن بـدون هیچگونـه بـی عدالتـی و غلطـی نوشـته شـده اسـت. اطمینـان خاطـر اسـت بـرای اهـل ایمـان و صالحـان و نیکـوکاران.

يَشْهَدُهُ ٱلْمُقَرَّبُونَ (٢١)

معنـی: که مقربان به آن شهادت میدهند.

تفسیر: کارنامـه اعمـال اشـخاص صالـح را مقربان دربار الهـی شـهادت میدهند. مقربـان دربـار الهـی همانـا فرشـتگان و همچنـان اصحـاب یمیـن هسـتند. اشـخاص

با منزلت هستند که نزد خداوند بسیار منزلت بالا دارند.

إِنَّ ٱلْأَبْرَارَ لَفِى نَعِيمٍ (۲۲)

معنی: نیکوکاران که دررحمت پروردگار قرار دارند.

تفسیر: اینها کسانی هستند که در ناز و نعمت پروردگارهستند و در تخت های عزت تکیه زده اند و از راحتی بی نظیر برخودار هستند.

عَلَى ٱلْأَرَآئِكِ يَنظُرُونَ (۲۳)

معنی: بر تخت ها عزتمند تکیه زده اند و تماشا می کنند.

تفسیر: اینها از مناظر بهشت لذت می برند.

تَعْرِفُ فِى وُجُوهِهِمْ نَضْرَةَ ٱلنَّعِيمِ (۲٤)

معنی: در چهره های شان طراوت و شادابی نعمت را می بینی.

تفسیر: آنانیکه از نعمت های پرودگار برخوردارند در بهشت شاداب و شاداب و با طراوت. غم و غصهٔ دنیایی دیگر وجود ندارد و این است زندگی جاودان برای مومنان و اهل ایمان به خداوند.

يُسْقَوْنَ مِن رَّحِيقٍ مَّخْتُومٍ (۲٥)

معنی: تشنگی شان با می صاف و سربسته رفع می شود.

تفسیر: شراب ناب بهشتی است که زلال و دست نخورده است. این مشروب مانند مشروبات که انسان می سازد نیست بلکه شراب است که حکمت آن در محبت و عشق و صداقت و راستی تجلای عقل و هوش است.

خِتَٰمُهُۥ مِسْكٌ وَفِى ذَٰلِكَ فَلْيَتَنَافَسِ ٱلْمُتَنَافِسُونَ (۲٦)

معنی: که مُهر آن از مشک است بگذار آنانی را که استشمام می کنند استشمام کنند.

تفسیر: شراب زلال طهوربهشت سر آن با مشک بسته شده است و عطر خاص و خوشبو دارد. بدین ترتیب اهل بهشت به یک نعمت دیگر برخودار می شوند و وقتی که به آن دست می زنند که باز شود عطر مشک پراگنده میشود. مفسرین به جز یوسف علی به جای استشمام واژه رقابت را به کار برده اند که درست نیست. در دنیای جاودان جای رقابت و پیشدستی چنانچه در دنیا مروج است نیست.

وَمِزَاجُهُ مِن تَسۡنِیمٍ (۲۷)

معنی: و طبیعت آن از چشمۀ تسنیم است.

تفسیر: شراب طهور بهشتی به مانند چشمۀ تسنیم است که نهایت گوارا است.

عَیۡنًا یَشۡرَبُ بِهَا ٱلۡمُقَرَّبُونَ (۲۸)

معنی: چشمه ی که مقربان از آن می نوشند.

تفسیر: مفسرین گویند که چشمه ی تسنیم در طبقات بالای بهشت قرار دارد و از بالا به پایین سرازیر می شود. ترکیب شراب طهور بهشتی که در بالا ذکر کردیم به مانند همین چشمه است. مقربان دربار الهی در بهشت از همین چشمه می نوشند.

إِنَّ ٱلَّذِینَ أَجۡرَمُواْ كَانُواْ مِنَ ٱلَّذِینَ ءَامَنُواْ یَضۡحَكُونَ (۲۹)

معنی: همانا گهنکاران به کسانیکه ایمان آورده بودند میخندیدند.

تفسیر: آز آنجایکه ایمان یک مسله فکری، اعتقادی و دل است و مسایل دارد که با ساینس و دید بشری ثابت نمیشود بدکاران و گنهکاران قرآن را رد می کنند و همین امروز به اهل ایمان میخندند و ایمان شانرا زیر سوال می برند. تلویزیون های افغانی یکی دو تا قصداً به کفار زیر عنوان آزادی بیان اجازه میدهند تا یکی دو گنهکار و جاهل در برنامه ها حضور پیدا کنند و اسلام و قرآن را مسخره کنند و به مسلمانان بخندند.

وَإِذَا مَرُّواْ بِهِمۡ یَتَغَامَزُونَ (۳۰)

معنی: و چون از [کنار] آنها میگذشتند از روی تمسخر به همدیگر چشمک می زدند.

تفسیر: خدا ناباوران، گنهکاران و بدکاران وقتی از کنار مومنین می گذشتند به همدیگر چشمک می کردند که این بی عقلان را ببین. امروز هم کم زدن های مسلمانان در فیسبوک و تویتر و انستوگرام است. جای تعجب نیست و اما برای ما مسلمان ها بسیار آموزنده است که خداوند ما را ازین اعمال کفار آگاهی داده است که متاثر نشویم. آزار و اذیت کار خدا ناباوران همیشه است. شما به ایمان خود استوار باشید.

وَإِذَا انقَلَبُواْ إِلَىٰٓ أَهْلِهِمُ انقَلَبُواْ فَكِهِينَ (٣١)

معنی: و وقتی به مردم خود بر میگشتند از عمل ناسزای خود خرسند بودند.

تفسیر: بلی! وقتی مسلمانان را ریشخند می کنند و بعد طرف گروه نادان خود برمیگردند بسیار به خرسندی و افتخار خود را نشان میدهند که ما ایشان را کم زدیم و یا جواب این ابلهه را دادیم، یعنی مسلمانان را. در حالیکه نمیدانند که نادان و ابلهه خود شان هستند.

وَإِذَا رَأَوْهُمْ قَالُوٓاْ إِنَّ هَـٰٓؤُلَآءِ لَضَآلُّونَ (٣٢)

معنی: و هر وقت آنها را می دیدند می گفتند اینان بدون شک گمراه هستند.

تفسیر: جالب این بود و امروز هم همینطور است که خدا ناباوران، مسلمانان را گمراه میخواندند. امروز به مسلمانان متعصب و نادان خطاب میکنند در حالیکه مسلمانان راستین از پیشرفته ترین انسانهای روی زمین هستند زیرا توحید را میدانند.

وَمَآ أُرْسِلُواْ عَلَيْهِمْ حَـٰفِظِينَ (٣٣)

معنی: در حالیکه آنها برای حفاظت مومنان فرستاده نشده بودند.

تفسیر: کفار تصور میکردند که چون مومنان از گروه فقیر جامعه بودند پس در تفکر و اندیشه هم کم هستند. و از همین سبب مسلمانان را تمسخر میکردند. در حالیکه با اینکه مسلمانان از نگاه ثروت کم و اما از نگاه ذهنیت بسیار پیشرفته بودند. خداوند می گوید که ایشان برای نگهبانی مسلمانان نیستند برای چه مشکل تراشی میکنند.

فَٱلْيَوْمَ ٱلَّذِينَ ءَامَنُواْ مِنَ ٱلْكُفَّارِ يَضْحَكُونَ (٣٤)

معنی: اما امروز آنانیکه ایمان آورده اند به کفار می خندند.

تفسیر: بلی خداوند حق نام دارد و روزی آمد که مسلمانان بزرگترین مدنیت را بنیانگذاری کردند و باعث به وجود آوردن دراز ترین امپراطوری ها شدند و براستی به کفار می خندیدند و امروز هم کفار نه می تواند از نگاه مسایل معنوی و دین شناسی با مسلمانان هم چشمی کند.

عَلَى ٱلْأَرَآئِكِ يَنظُرُونَ (٣٥)

معنی: بر تخت ها تکیه زده تماشا می کنند.

تفسیر: مومنان در بهشت به کفار نظاره گر هستند و ایشان را با بدبختی شان تماشا می کنند.

هَلْ ثُوِّبَ ٱلْكُفَّارُ مَا كَانُواْ يَفْعَلُونَ (٣٦)

معنی: آیا کفار پاداش اعمال خود را گرفتند؟

تفسیر: بلی ! هر کس به ناسزا بپیوندد جزای اعمال خود را می بیند. کفار هم به سزای کردار و پندار غلط خود رسیدند و این نتیجه کبر و غرور شان است که حق را قبول نکردند.

سُورَةُ الانشقاق

مقدمه

سورۀ انشقاق از سوره های مکی است و بیست و پنج آیه می باشد. انشقاق معانی مختلف دارد مانند شگافتن، دو تکه شدن، پاره شدن، ترکیدن، باز شدن شگاف چیزی و پراگنده شدن. این سوره مانند همه آیات کلام الله مجید دارای فضیلت است و خواندن آن ثواب زیاد دارد. حضرت رسول کریم (ص) فرموده است که « کسی که سورۀ انشقاق را بخواند خداوند او را در روز قیامت به خاطر اعمال نیک او در امان میدارد.» امام غزالی طوسی علیه الرحمه این سوره را «مروارید عمل» نام نهاده است. این سوره از روز معاد سخن دارد و مردم را به اعمال شان متوجه می سازد و انانیکه مرتکب گناه شده اند هشدار میدهد و آنانیکه عمل نیک انجام داده اند مژدهٔ بهشت میدهد. سوره گویای این حقیقت است که روز قیامت آمدنی است و نظم جهانی به هم میخورد. در کتب تعبیر خواب اسلامی میخوانیم که اگر کسی در خواب بیند که سوره انشقاق میخواند معنی آن این است که حساب روز قیامت بر او آسان میگردد.

بِسمِ ٱللهِ ٱلرَّحمَٰنِ ٱلرَّحِيمِ

إِذَا ٱلسَّمَآءُ ٱنشَقَّتْ (۱)

معنی: آنگاه که کرات آسمانی بشگافد.

تفسیر: علم فزیک و ستاره شناسی گویای این حقیقت است که هدف از السماء تنها آسمان نیست بلکه کرات سماوی و سیارات است که میشود منهدم شود. آسمان که ما با رنگ آبی در صورتیکه هوا صاف باشد به چشم می بینیم هدف آیه نیست.

وَأَذِنَتْ لِرَبِّهَا وَحُقَّتْ (۲)

معنی: به فرمان پروردگارش گوش فرا میدهد که حق همین است.

تفسیر: همه اجسام سماوی تسلیم پروردگار هستند زیرا مخلوق هستند و آنها به امر پروردگار گوش فرا میدهند و تسلیم می شوند. از خود اراده ندارند و تایید میکنند که حق همین است و روز قیامت آمدنی است.

وَإِذَا ٱلْأَرْضُ مُدَّتْ (٣)

معنی: و آنگاه که زمین هموار شود.

تفسیر: از نگاه علم زمین شناسی این آیه نهایت با ارزش است زیرا به انسان یک حقیقت مهم را بر ملا می کند و آن اینکه کرهٔ زمین در روز قیامت هموار میشود یعنی که اساساً زمین پهن و هموار نیست و این مطلب کروی بودن یا مدور بودن زمین را اشاره میکند. امروز در امریکا در حدود دو در صد مردم هنوز هم اعتقاد دارند که زمین هموار است یعنی زیاد تر از شش ملیون نفر. اما این مطلب را ساینس و قرآن رد میکند و این آیه مصداق حقیقت است که زمین کروی است و در روز قیامت زمین کروی هموار می شود و خصوصیات را که دارد از دست میدهد.

وَأَلْقَتْ مَا فِيهَا وَتَخَلَّتْ (٤)

معنی: و آنچه در داخل خود دارد بیرون اُفگنده میشود و تخلیه می شود.

تفسیر: کرهٔ زمین یک کُرهٔ فوق العاده غنی است و دارای معدنیات گوناگون و سنگ های قیمتی و جواهرات و نفت و گاز و غیره می باشد که در روز قیامت همه منهدم می شود و از بین می رود.

وَأَذِنَتْ لِرَبِّهَا وَحُقَّتْ (٥)

معنی: به فرمان پروردگارش گوش فرا میدهد که حق همین است.

تفسیر: در آیه دوم همین سوره نگاشته شد. تکرار احسن است.

يَٰٓأَيُّهَا ٱلْإِنسَٰنُ إِنَّكَ كَادِحٌ إِلَىٰ رَبِّكَ كَدْحًا فَمُلَٰقِيهِ (٦)

معنی: ای انسان ! تو با تلاش و رنج به سوی پروردگارت می روی و او را ملاقات خواهی کرد.

تفسیر: درین جا همه انسان ها خطاب شده است نه تنها مسلمانان. در هر کار زندگی باید زحمت کشید و بدون زحمت کسی به جایی نمیرسد. همچنین است به خدا رسیدن که باید اعتقاد خاص داشت و اعمال نیکو برای بشریت انجام داد. یعنی راه به خدا رسیدن دشوار است و اما نه برای آنان که خاص برای خدا کار میکنند و زحمت می کشند. همین ها هستند که خداوند را ملاقات می کنند.

فَأَمَّا مَنْ أُوتِيَ كِتَابَهُ بِيَمِينِهِ (۷)

معنی: پس آنگاه که کارنامه اعمالش به دست راستش داده شود.

تفسیر: یکـی از اعتقـادات مهـم مسلمانان اعتقـاد بـه روز آخـرت و جـواب دهـی از اعمـال و کـردار اسـت. درین آیـه خاطـر نشان میگـردد کـه اعمـال خـوب و بـد انسـان در روز آخـرت بـه دسـت راسـت او داده مـی شـود.

فَسَوْفَ يُحَاسَبُ حِسَابًا يَسِيرًا (۸)

معنی: اما کسی که کارنامه اعمالش به دست راستش داده شود.

تفسیر: کسـان پاداش داده مـی شـوند کـه کارنامه پـاک و صاف داشته باشند. این اشخاص کارنامه اعمـال شـان بـه دسـت راسـت شـان داده میشـو. دسـت راسـت موضـوع اسـت کـه در تمـدن هـای قدیـم هـم بـوده اسـت. همـه ادیان دسـت راسـت را سـمبول خدایـی و راسـتی میداننـد و دسـت چـپ را سـمبول غیـر خدایـی و شـیطانی مـی داننـد. در اسـلام هـم کار نیـک بـه دسـت راسـت انجام مـی شـود و کار هـای ناپـاک ماننـد پـاک کـردن بعـد از قضـای حاجت بـا دسـت چپ.

وَيَنْقَلِبُ إِلَى أَهْلِهِ مَسْرُورًا (۹)

معنی: و به خوشحالی نزد کسان خود برگردد.

تفسیر: آنانیکـه کـه کار هـای نیـک انجـام داده اند بـه خوشـحالی بـا کسـان خـود بـر میگردنـد یعنـی وصـل مـی شـوند. این وصـل روحی و معنوی اسـت کـه در روز آخـرت اتفـاق مـی افتـد. کسـان هـم مـی توانـد اهـل ایمان باشـد زیـرا وجه مشـترک مـردم خدا پرسـت ایمان اسـت و هـم اقارب کـه بـا ایمان هسـتند.

وَأَمَّا مَنْ أُوتِيَ كِتَابَهُ وَرَاءَ ظَهْرِهِ (۱۰)

معنی: و اما آنکه کارنامه اعمالش از پشت سرش داده می شود.

تفسیر: کسـان کـه کار هـای نیکـو انجام ندادنـد و مرتکب ظلـم و فسـاد و تجـاوز و حـق تلفـی و خیانـت بـه دین و خدا مـی شـوند کار نامـه اعمـال شان متاسفانه گوارا نـه مـی باشـد و از پشـت سر شـان داده مـی شـود. یعنی کـه باید بـه جزای اعمالشـان برسـد.

فَسَوْفَ يَدْعُواْ ثُبُورًا (١١)

معنی: به زودی به خاطر نابودی اش فریاد می کشد.

تفسیر: انسانها بسیار غافل هستند و در حقیقت زندگی تعمق نه می کنند و تصور نه می کنند که روز بازخواست آمدنی است. وقتی کارنامه اعمال شان از پشت سر داده می شود فریاد می کنند که وای بر من که تباه شدم.

وَيَصْلَىٰ سَعِيرًا (١٢)

معنی: و در آتش شعله ور داخل میشود.

تفسیر: کسان در آتش شعله ور داخل می شوند که خداوند و آیات او را و پیامبران را انکار میکند.

إِنَّهُ كَانَ فِي أَهْلِهِ مَسْرُورًا (١٣)

معنی: واقعاً او در [دنیا] میان کسان خود شادمان بود.

تفسیر: انسان اکثراً یک موجود غافل است و حکمت زندگی را درک نه می کند. همینکه خداوند به او عقل و استعداد و شعور داده است فکر می کند که خودش همه چیز را می داند و مغرور میشود. این غرور باعث میشود که گناه کند. گناه خود را توجیه درست می کند و به همین دلیل در بین کسان خود شادمان است. امروز بسیار مردم نادان را می بینید که قرآن مجید را زیر سوال می برند و یا انکار میکنند و آیات را به غلط تفسیر می کنند و در بین طرفداران خود بسیار مسرور هستند. این شادمانی های کاذبی است و نباید فریب خورد.

إِنَّهُ ظَنَّ أَن لَّن يَحُورَ (١٤)

معنی: چنین تصور میکرد که بازگشتی [به سوی خدا] نخواهد داشت.

تفسیر: آنانیکه غافل هستند و یکی از زوال انسان غفلت است، و اولین غفلت شان ندانستن و کوشش نکردن حقیقت وجود خداوند است که انکار میکنند. چون به این حقیقت خدا شناسی نه میرسند هرگز به فکر شان نمیرسد که روزی به سوی خدا برگشت می کنند و از اعمال بد خود حساب دهنده هستند.

بَلَىٰٓ إِنَّ رَبَّهُ ٗ كَانَ بِهِ ٗ بَصِيرًا (۱۵)

معنی: آری، براستی که پروردگارش به او بینا بود.

تفسیر: یکی از راز های مهم زندگی انسان این است که اعمال و کردارش هرگز از دید خداوند پوشیده نیست. خداوند بیناست و همه چیز را می بیند. این مطلب را کسی درک میکند که اول خدا را بشناسد در غیر آن خودش کور است که حقیقت را ندانسته است.

فَلَآ أُقْسِمُ بِٱلشَّفَقِ (۱٦)

معنی: پس سوگند به سُرخی شام.

تفسیر: خداوند به مطالب سوگند یاد می کند که انسان را به تَحَیُر وا میدارد و انسان کوشش میکند که راز های خلقت را بداند و اما در عین زمان، انسان قادر به وجود آوردن آن نیست. یکی آن شفق یا سرخی آفتاب نشست است که از حکمت های خداوند است. از نگاه ساینس رنگ آبی نظر به دیگر رنگ ها زیاد تر تیت و پراگنده می شود به خاطر که جریانات کوتاه و کوچک را می پیماید. اما در زمان آفتاب نشست، نورمسافه ی دراز تر را در فضا می پیماید. یعنی وقتی نور آفتاب یک مسافه بزرگتر را گذر می کند ما جریانات دراز تر زرد و سرخ را در شفق می بینیم. و این از حکمت های خداوند است که انسان قادر به وجود آوردن آن نیست. آفتاب پرستان با دیدن شفق سر به سجده می نهادند و با ظهور اسلام توصیه شد که در وقت شفق نباید مانند آفتاب پرستان سجده کرد.

وَٱلَّيْلِ وَمَا وَسَقَ (۱۷)

معنی: سوگند به شب و آنچه در بر دارد.

تفسیر: شب هم از حکمت های خداوند است که از آفتاب نشست تا آفتاب برآمد که قسمتی از جهان در تاریکی می باشد و قسمت دیگر در روشنایی. شب وقتی است که آفتاب بین هژده تا نود درجه پایین تر از اُفق می باشد و آسمان را روشنایی نمیدهد. این از حکمت های خداوند است.

وَالْقَمَرِ إِذَا اتَّسَقَ (۱۸)

معنی: سوگند به ماه آنگاه که کامل گردد.

تفسیر: ماه کامل را بَدر گویند. این وقتی است که مهتاب از زمین مطلق روشن دیده می شود و از نگاه علم نجوم مهتاب مکمل وقتی اتفاق می افتد که زمین بین مهتاب و آفتاب قرار میگیرد. به عبارت دیگر هنگامی که مهتاب به نقطه مقابل زمین نسبت به آفتاب می رسد یا زاویهٔ مهتاب و آفتاب صد و هشتاد درجه می شود همه قرص مهتاب از دید ما روشن به نظر می رسد. ماه مکمل را شب چهارده هم گویند زیرا در نیمهٔ ماه قمری اتفاق می افتد. حکمت هلال و بدر و در مجموع ماه قمری یک تقویم طبیعی است که زندگی انسان را نظم می بخشد.

لَتَرْكَبُنَّ طَبَقًا عَن طَبَقٍ (۱۹)

معنی: بدون شک شما ازیک مرحلهٔ زندگی به مرحلهٔ دیگر سفر می کنید.

تفسیر: زندگی این جهان جاودانی نیست و به آخرت مرحلهٔ بعدی است که ما سفر می کنیم. اساساً درین دنیا مسافر هستیم. زندگی آخرت را اساساً زندگی با عزت و با ایمان این دنیا می سازد و برای آن دنیا یعنی مرحلهٔ بعدی باید بسیار کوشش کنیم.

فَمَا لَهُمْ لَا يُؤْمِنُونَ (۲۰)

معنی: پس آنها را چه شده است که ایمان نه می آورند؟

تفسیر: خداوند بزرگی و توانایی و عظمت خود را در آیات نشان میدهد تا مردم تعمق کنند و ایمان بیاورند. همه نشانه های مهتاب و آفتاب که سوگند یاد می کند برای این است که انسان از خواب غفلت بیدار شود. در آیه سوال می کند که چه شده انها را که ایمان نه می آورند. یعنی با این همه علایم آشکار چرا عمیق فکر نه می کنند.

وَإِذَا قُرِئَ عَلَيْهِمُ ٱلْقُرْءَانُ لَا يَسْجُدُونَ ۩ (۲۱)

معنی: و هنگامیکه قرآن بر آنها خوانده میشود سجده نه می کنند.

تفسیر: اهل ایمان آنان هستند که به قرآن حرمت دارند و وقتی آیات برای شان خوانده میشود به حرمت خدا و قرآن سر به سجد می نهند.

در قرآن مجید جا های که در وقت تلاوت باید سجده شود نشانی شده است. آیه سجده دارد، فراموش نکنید.

بَلِ ٱلَّذِینَ كَفَرُواْ يُكَذِّبُونَ (٢٢)

معنی: نه، بلکه کفار همیشه تکذیب می کنند.

تفسیر: خداوند به انسان عقل داده است و آزادی عقل و تفکر. خودش را مسول ساخته است. مشکل کفار این است که تعمق نه می کنند تعقل نه می کنند تفکر نه می کنند و از روی ضدیت عجولانه تصمیم میگیرند و آیات را تکذیب می کنند و این خصومت با خداست و جزای سنگین دارد .

وَٱللَّهُ أَعْلَمُ بِمَا يُوعُونَ (٢٣)

معنی: و [اما] خداوند میداند که در ذهن خود چه دارند.

تفسیر: کفار نه می دانند که خداوند از راز دل ها آگاه است. ازهر اسرار نهانی شان آگاه است و هیچ قدرت در مقابل خدا ندارند.

فَبَشِّرْهُم بِعَذَابٍ أَلِيمٍ (٢٤)

معنی: پس [آنها را] به عذاب دردناک بشارت ده.

تفسیر: و کفار فکر میکنند که می توانند ازین خیانت بزرگ که خالق هستی و کلام او را نهی کنند نجات پیدا می کنند. این تصور باطل شان، ایشان را به عذاب دردناک گرفتار می کند. نباید غافل بود.

إِلَّا ٱلَّذِينَ ءَامَنُواْ وَعَمِلُواْ ٱلصَّٰلِحَٰتِ لَهُمْ أَجْرٌ غَيْرُ مَمْنُونٍ (٢٥)

معنی: مگر کسانی که ایمان آوردند و اعمال نیکو انجام دادند که ایشان را پاداشی بی پایان است.

تفسیر: عدالت خداوندی همین است که آنانیکه خداوند را پرستش می کنند و آیات او را قبول دارند و اعمال نیک در جامعه انجام میدهند و مصروف خدمت به بشریت هستند و عدالت را تامین می کنند و در دین غلو نه می کنند پاداش بی پایان نصیب شان می شود.

سُورَةُ الْبُرُوج

مقدمه

سورهٔ بروج از سوره های مکی است و شامل بیست و دو آیه می باشد. بروج به معنی ستارگان نجومی. این سوره از ظلم و ستم سخن دارد که مومنان در شروع متقبل شده بودند و کفار آنها را شکنجه می کردند. فضیلت سوره بزرگ است و حضرت رسول کریم (ص) فرموده است که هر کس این سوره را بخواند خداوند به تعداد کسان که در نماز جمعه اجتماع می کنند و تمام کسانی که در عرفات جمع می شوند، ده حسنه به او میدهد و تلاوت آن انسان را از ترس رهایی میبخشد. امام غزالی این سوره را گوهر علم نامیده است. کسی که در خواب بیند که سورهٔ بروج میخواند از غمها نجات پیدا می کند و در آخرت درجه و مقام دارد و به ثواب و پاداش الهی نایل میشود.

بِسۡمِ ٱللّٰهِ ٱلرَّحۡمٰنِ ٱلرَّحِیمِ

وَٱلسَّمَآءِ ذَاتِ ٱلۡبُرُوجِ (۱)

معنی: سوگند به آسمان که دارای ستارگان [نجومی] است.

تفسیر: درین آیه خداوند به آسمان سوگند یاد می کند که ستارگان نجومی یعنی دوازده ماه سال را دارد که هر کدام دارای خواص خاص است. همین ستارگان چهار فصل را که بهار، تابستان، خزان و زمستان باشد مشخص می کند. دوازده ستاره نجومی نماد خود را دارند مانند ماهی، عقرب، شیر و غیره..در دیگر ادیان نماد ماه نجومی یک نقش در شخصیت انسان دارد و اما در اسلام قابل قبول نیست. به هر صورت مسلمانان با استفاده از مسایل نجومی جهت قبله، ماه رمضان و تاویل سال را مشخص می کنند.

وَٱلۡیَوۡمِ ٱلۡمَوۡعُودِ (۲)

معنی: و سوگند به روزیکه وعده داده شده است.

تفسیر: روز که وعده شده است همانا وعدهٔ خداوند برای روز بازپرس است که مردمان صالح و مومن پاداش خواهند داشت و مردمان بدکار و ظالم جزا خواهند دید.

وَشَاهِدٍ وَمَشْهُودٍ (۳)

معنی: سوگند به شهادت دهنده و شهادت شنونده.

تفسیر: اینجا توجه کنید که تنها شهادت میدهد و شنونده انسانها مانند انبیا علیه السلام نیستند بلکه به حکمت خداوند حتی زمین که شما بالای آن قدم می گذارید برای اعمال خوب و بد شما شهادت میدهند. فرشتگان شهادت میدهند. اعضای بدن شما شهادت میدهند و ما نباید خالی ذهن باشیم.

قُتِلَ أَصْحَابُ ٱلْأُخْدُودِ (٤)

معنی: هلاک شد [شکنجه گران] گودال بزرگ آتش.

تفسیر: در تاریخ میخوانیم که کفار مومنان را شکنجه میکردند که چرا به اسلام گرویده اند. خداوند این کفار را به جزای آتش در یک گودال یا خندق بزرگ محکوم می کند. خدود جمع خد است که گودال وسیع آتش معنی میدهد. این گودال در پنج کیلومتری جنوب شهر نجران در عربستان امروزی موقعیت دارد.

ٱلنَّارِ ذَاتِ ٱلْوَقُودِ (٥)

معنی: آتش با [هیزم های]شعله ور.

تفسیر: بزرگترین منبع عذاب، آتش است. آتش خانمانسوز است. همه چیز خاکستر میشود یعنی نیست و نابود می شود. درد آن کشنده است.

إِذْ هُمْ عَلَیْهَا قُعُودٌ (٦)

معنی: وقتی کنار آن [خندق آتش] نشسته بودند.

تفسیر: قربانیان آتش را نظاره میکردند. آتش که شکنجهٔ آن به مراتب سنگین تر است از چیزی که ما تصور می کنیم. و اهل ظلم باید همچو شکنجه شود زیرا ظلم را که مرتکب شده اند و بالای مردم تطبیق کردند و به مقام انسانیت اهانت کردند این اتش هم کم است.

وَهُمْ عَلَىٰ مَا یَفْعَلُونَ بِٱلْمُؤْمِنِینَ شُهُودٌ (۷)

معنی: و شاهد بودند چیزی را که بر علیه مومنان کرده بودند.

تفسیر: کسان که مرتکب ظلم می شوند بالاخره، روز آن فرا می رسد که نظاره گر اعمال خود باشند که در مقابل مردم مظلوم و بی گناه چه

کردند. ظلم که آلمان نازی بالای مردم کرد و استالین در روسیه شوروی کرد و سرب ها بالای مسلمانان در بوسنیا کردند و طالبان بالای زنان افغانستان کردند خود شان شاهد بودند و به همان روز که می رسند که جزا بینند.

وَمَا نَقَمُواْ مِنْهُمْ إِلَّا أَن يُؤْمِنُواْ بِٱللَّهِ ٱلْعَزِيزِ ٱلْحَمِيدِ (۸)

معنی: رویه انتقامجویانه کردند خاص برای اینکه آنها به خداوند شکست ناپذیر و قابل ستایش ایمان آورده بودند.

تفسیر: در هر زمان مسلمان بودن چالش های خود را دارد و این تنها در صدر اسلام نبوده و حالا هم است. کسان که ایمان می آورند و درست ایمان میداشته باشند زنگ خطر است برای مردم مرتجع، ظالم، استثمار گر و آنان که منافع شان در خطر می افتد. چرا از مردم مومن انتقام بگیرند در حالیکه آنها کدام خیانت را مرتکب نشده بودند مگر اینکه به خدای واحد ایمان آورده بودند و همه هستی شان خدا پرستی بود و مردمان که منافع شان در خطر بیفتد بردباری این را ندارند.

ٱلَّذِى لَهُ ۥ مُلْكُ ٱلسَّمَٰوَٰتِ وَٱلْأَرْضِ وَٱللَّهُ عَلَىٰ كُلِّ شَىْءٍ شَهِيدٌ (۹)

معنی: خدای که زمامداری آسمان ها و زمین از آن اوست و خداوند بر همه چیز شاهد و [بینا] است.

تفسیر: خداوند خالق همه جهان هستی است و همه زمامداری نظام هستی به شمول زمین از آن اوست. چون خالق اوست، نگهبان و حامی و ناظر خلقت خود است و بر همه چیز گواه است.

إِنَّ ٱلَّذِينَ فَتَنُواْ ٱلْمُؤْمِنِينَ وَٱلْمُؤْمِنَٰتِ ثُمَّ لَمْ يَتُوبُواْ فَلَهُمْ عَذَابُ جَهَنَّمَ وَلَهُمْ عَذَابُ ٱلْحَرِيقِ (۱۰)

معنی: کسانی که مردان و زنان مومن را اذیت کردند و از اعمال خود توبه نکردند، عذاب جهنم و آتش سوزان برای شان [آماده] است.

تفسیر: روی سخن آیه، کفار است و اما این آیه جنبهٔ عمومی دارد و می تواند برای مسلمانان هم باشد اگر کسی حتی که مسلمان باشد مردم آزاری کند، عذاب آب می بیند مگر اینکه توبه کند. یکی از گناهان بزرگ مردم آزاری است زیرا مسله حق العبد مطرح میشود. حکمرانان و یا روسای دولت ها که حقوق مردم را پایمال کردند در همین ردیف قرار میگیرند. و یا هر کسی که کافر باشد و یا اهل ایمان باشد مردم را اذیت

کند جزاء می بیند. یعنی از نگاه جامعه شناسی اسلامی حقوق مردم را پایمال کردن و به مردم آسیب رساندن چنانچه طالبان در افغانستان کردند نابخوشدنی است.

إِنَّ ٱلَّذِينَ ءَامَنُواْ وَعَمِلُواْ ٱلصَّٰلِحَٰتِ لَهُمْ جَنَّٰتٌ تَجْرِى مِن تَحْتِهَا ٱلْأَنْهَٰرُ ذَٰلِكَ ٱلْفَوْزُ ٱلْكَبِيرُ (١١)

معنی: آنانیکه ایمان آوردند و اعمال نیکو انجام دادند برای شان باغ های است که نهر ها که از زیر درختان آن جاری است و این است کامیابی بزرگ.

تفسیر: در گذشته گفتیم که مسلهٔ باغ ها و نهر آب به طبیعت انسان سازش دارد و برایش بسیار گواراست. ازین رو خداوند به همان چیزی پاداش میدهد که برای انسان بسیار خوشایند و لطیف است.

إِنَّ بَطْشَ رَبِّكَ لَشَدِيدٌ (١٢)

معنی: به یقین گرفت پروردگارت بسیار شدید است.

تفسیر: بطور ساده که این آیه را تفسیر کنیم این است که خداوند به همان اندازه که غفور و رحیم است در جزا دادن مجرمان، ظالمین و گهنکاران هم بسیار شدید یا سختگیر است یعنی خداوند با قهر و غضب گرفت دارد نه به خوشرویی. خداوند همه ای ما را از غضب خود نجات دهد.

إِنَّهُۥ هُوَ يُبْدِئُ وَيُعِيدُ (١٣)

معنی: او موجودی است که از اول آفرینش را آغاز میکند و باز میگرداند.

تفسیر: خداوند آغازگر آفرینش انسان و جهان هستی است و همه چیز دوباره به او باز میگردد. این آیه تیوری های که جهان هستی با تیوری انفجار بزرگ خلق شده است و انسان از نسل شادی است مطلق رد می کند.

وَهُوَ ٱلْغَفُورُ ٱلْوَدُودُ (١٤)

معنی: و اوست بخشاینده و دوستدار.

تفسیر: خداوند غفور است یعنی آمرزگار یا بخشاینده انسان هاست در صورتیکه از گناه خود پشیمان شوند و توبه کنند و دوستدار مومنان است و همچنان جهان هستی خودش است. یعنی چیزی که خلق کرده دوست

دارد و ما بایـد بـه خلقـت او تجـاوز نکنیـم و متوجـه محیـط زیسـت باشیـم کـه آلـوده نکنیـم.

ذُو ٱلْعَرْشِ ٱلْمَجِیدُ (۱۵)

معنی: پروردگاربا تختِ با شکوه و جلال.

تفسیر: عـرش در زبـانَ مـا همانـا تخـت پادشـاهی اسـت. امـا عـرش بزرگتـر از تخـت پادشـاهی اسـت کـه مـا مـی شناسـیم. عـرش خداونـد شـکوه و جـلال خـودش را دارد کـه در تصـور انسـان نـه مـی گنجـد. امـا چـون قـرآن بـه زبـان مـردم اسـت و عـرش را مـردم مـی دانسـتند ایـن واژه اسـتعمال شـده اسـت. فرامـوش نکنیـم کـه خداونـد مالـک جهـان هسـتی اسـت. یعنی پادشـاه جهـان هسـتی اسـت. پادشـاه از خـود یـک تخـت دارد و امـا نـام تخـت پادشـاهی خداونـد عـرش اسـت کـه بـر همـه مخلـوق حاکـم اسـت و قـادر اسـت کـه همـه مخلـوق را نظـاره گـر باشـد.

فَعَّالٌ لِّمَا یُرِیدُ (۱۶)

معنی: کُننده ای هر چه بخواهد، می باشد.

تفسیر: خداونـد هـر کار کـه بخواهـد قـادر اسـت انجـام دهـد و متکـی بـه موجـودی دیگـری نیسـت. و همـه چیـز در حیطـۀ قـدرت اوسـت و قـادر توانـا سـت.

هَلْ أَتَىٰكَ حَدِیثُ ٱلْجُنُودِ (۱۷)

معنی: آیا داستان لشکر های نظامی به تو رسیده است؟

تفسیر: اینجـا اشـاره بـه دو قـدرت پادشـاهی، نظامـی و مـادی بـزرگ اسـت کـه عبـارت بودنـد از فرعـون کـه امکانـات بـزرگ مـادی و عسـکری زیـاد برخـوردار بـود و ثمـود کـه بنیانگـزار تمـدن شـهری و سـاختمانی بـود. هـر دو بـه خاطـر نفیـه خـدا و پیامبـر نابـود شـدند.

فِرْعَوْنَ وَثَمُودَ (۱۸)

معنی: [قدرت] فرعون و ثمود.

تفسیر: در بـالا گفتیـم کـه خداونـد و پیامبـر را رد کردنـد و بـه عـذاب بـزرگ گرفتـار شـدند.

بَلِ ٱلَّذِینَ كَفَرُواْ فِی تَكْذِیبٍ (۱۹)

معنی: و هنوز هم کفار در رد و تکذیب حق اصرار می ورزند.

تفسیر: اینجا خاطر نشان میکند که با اینکه از داستان فرعون و ثمود و آنانیکه خداوند را رد میکنند اطلاع دارند به کفر خود اصرار می ورزند. این جهل مرکب است که هرگز به راه حق فکر نمیکنند.

وَٱللَّهُ مِن وَرَآئِهِم مُّحِیطُ (۲۰)

معنی: و خداوند از هر سوء به ایشان احاطه دارد.

تفسیر: کفار نمیدانند که خداوند دانا توانا و قادر هر کار است و به همه چیز احاطه دارد و هیچ چیز از او پنهان مانده نه می تواند.

بَلْ هُوَ قُرْءَانٌ مَّجِیدٌ (۲۱)

معنی: بلی! این قرآن با عظمت است.

تفسیر: عظمت قرآن و زیبایی آن درین است که کتاب علم، حکمت، معرفت ،هدایت و عدالت است. همه موضوعات انسانی در آن نهفته است و هیچ چیز درین کتاب فروگذاشت نشده است. کتاب است که برای همه اعصار است و همه نیازمندی های بشری را احتوا می کند و تا امروز مثل آن دیده نشده است و نخواهد شد.

فِی لَوْحٍ مَّحْفُوظٍ (۲۲)

معنی: در لوح محفوظ است.

تفسیر: یکی از معجزه های قرآن مجید این است که از در حفظ الهی است و کسی قادر نیست آن را تغییر دهد. بسیار کوشش کردند که قرآن را تحریف کنند نتوانستند. در همه جهان اسلام یک قرآن است نه اینکه متن های مختلف باشد. خواه مخواه قرآن تفسیر می شود و تفاسیر گوناگون دارد و اما متن قرآن یکی است و کسی نه می تواند آن را تغییر دهد و این از بزرگی قرآن است.

سُورَةُ الطّارق

مقدمه

سورۀ مکی است و دارای هفده آیه می باشد. طارق معانی مختلف شده است و اما نزدیك ترین معنی طارق یعنی ستارۀ صبح است. این سوره در بارۀ معاد و رستاخیز، اهمیت قرآن مجید در زندگی انسان و حمایت و صیانت انسان پرهیزگار از جانب خداوند است. مقام انسانیت و فضیلت او در داشتن عقل و نفس است که هر دو در صورتیکه مطیع پرودگار باشد برایش سعادت نصیب می کند. حضرت رسول کریم (ص) در بارۀ فضیلت این سوره فرموده است که هر کس آنرا تلاوت کند خداوند به تعداد هر ستارۀ که در آسمان وجود دارد ده حسنه به او می بخشد. امام غزالی این سوره را گوهر علم نامیده است. کسی که در خواب بیند که سورۀ طارق را تلاوت می کند صاحب فرزند نیکو می شود و کار های مشکل برایش آسان میگردد.

بِسمِ ٱللهِ ٱلرَّحمَٰنِ ٱلرَّحِیمِ

وَٱلسَّمَآءِ وَٱلطَّارِقِ (۱)

معنی: سوگند به آسمان و ستاره طارق.

تفسیر: خداوند برای اینکه عظمت خودش را به بنده نشان دهد به آسمان و ستاره صبح سوگند یاد می کند. طارق همان ستارۀ است که در قسمت شرقی آسمان در اوایل صبح دیده می شود.

وَمَآ أَدرَٰلكَ مَا ٱلطَّارِقُ (۲)

معنی: و تو چه درك میکنی که طارق چه است.

تفسیر: درین جا قرآن با علم نجوم تماس میگیرد و سوال می کند که تو حکمت این ستاره را چه میدانی.

ٱلنَّجمُ ٱلثَّاقِبُ (۳)

معنی: آن ستارۀ درخشان.

تفسیر: در آن صبح درخشش خاص دارد و ستاره زهره است که روشن ترین ستاره می باشد و نزدیکترین ستاره به زمین است. اَبر های ضخیم این ستاره انعکاس دهنده زیاد تر روشنی آفتاب است که در حدود هفتاد

در صـد دوبـاره بـه فضـا پخـش مـی شـود.

إِن كُلُّ نَفْسٍ لَّمَّا عَلَيْهَا حَافِظٌ (٤)

معنی: کسی نیست که نگهبانی بر او نباشد.

تفسیر: موضـوع نهایت مهـم یـادآوری شـده اسـت کـه انسان بـا عقـل سـلیم خـود مختـار اسـت و امـا آنانیکـه ایمـان مـی آورنـد خداونـد نگهبـان شـان اسـت و تنهـا نیستند.

فَلْيَنظُرِ ٱلْإِنسَٰنُ مِمَّ خُلِقَ (٥)

معنی: پس انسان بنگرد که از چه خلق شده است.

تفسیر: درین آیـه خداونـد یـك موضـوع بسیار علمـی و جنجال بـر انگیـز را در ساینس حـل کـرده اسـت و از انسـان خواسـته اسـت کـه خـودش درسـت تحقیـق کنـد کـه از چه خلـق شـده اسـت. انسـان را وادار بـه یـك تحقیق علمـی کـرده اسـت و او را متوجـه خلقتـش نمـوده اسـت. و امـا در آیـهٔ بعـدی جواب مـی گویـد و دلیـل کـه خداونـد در آیـهٔ بعـدی جـواب مـی گویـد، تصـور مـا ایـن اسـت کـه چـون خداونـد از اول و آخـر میدانـد و از ظاهـر و باطـن میدانـد؛ همنیکـه بنـی آدم در موضـوع خلقـت انسـان کـج روی میکنـد و میخواهنـد بـه نـام ساینس مـردم را بیـراه کننـد فـورا اصـل جـواب خلقـت را ارایـه مـی کنـد تا مـردم را ازیـن تشـویش و کـج بحثـی هـا رهایـی بخشـد.

خُلِقَ مِن مَّآءٍ دَافِقٍ (٦)

معنی: از قطره آبی که بیرون می شود.

تفسیر: هدف از قطره آب، آب مَنی مرد است که القاح صورت میگیرد.

يَخْرُجُ مِنْ بَيْنِ ٱلصُّلْبِ وَٱلتَّرَآئِبِ (٧)

معنی: که از میان ستون فقرات [مرد]و استخوان سینه بیرون می آید.

تفسیر: در معنـی صُلب و الترایب تفاسیر متعـدد وجـود دارد. این آیـه یکـی از آیـه هـای علمـی قرآن اسـت کـه فـوق العـاده شگفت انگیـز اسـت. مخالفین قـرآن بخـش علمـی آیـه را نادیـده گرفتـه انـد و ادعـا دارنـد کـه امـکان نـدارد کـه آب منی از ستون فقرات باشد. اساساً غدوات بـدوی کـه باعـث تولیـد اسپرم مـی شـود در لگـن خاصـره موقعیـت گرفتـه کـه در دو جانـب قسـمت پُشـت قـرار دارد. همچنان، مغـز استخوان در استخوان هـای طویـل پیـدا شـده اسـت ماننـد ستون فقرات و قبرغه/دنـده کـه شـامل سلول هـای بنیـادی مـی

باشـد کـه بـاعـث تـولیـد دیگـر سـلول هـای اختصاصی میشـود و ایـن اعمـال و حـرکات انسـانی را منسجم می سـازد، مخصوصاً حجرات خونی و استخوانی را.

إِنَّهُ عَلَىٰ رَجْعِهِ لَقَادِرٌ (۸)

معنی: بدون شک، خداوند بر گرداندن[دوباره زنده کردن] او تواناست.

تفسیر: خداونـد کـه ایـن قـدرت را دارد کـه قـوه هـای فـزیکی و روحـی را در خلقـت انسـان بـا هـم یکجـا کنـد چنانچـه در آیـهٔ هفتم تشـریح شـد پس ایـن قـدرت را هـم دارد کـه انسـان را در آخـرت دوبـاره زنـده کنـد.

يَوْمَ تُبْلَى ٱلسَّرَآئِرُ (۹)

معنی: روزی کـه راز هـا فاش گـردد.

تفسیر: انسـان غافل ایـن فهـم و درک را نـدارد کـه از دیـد پـرور دگار عالمیان، خالـق کـون و مکان هیـچ چیـز پوشیـده نیسـت و نـه تنهـا همـه چیـز را مـی بینـد بلکـه از راز دلهـا آگاه اسـت وهمـه راز هـای پنهـان را هـم میدانـد و در سـرای آخـرت ایـن راز هـای کفـر و الحـاد و خیانـت بـه مـردم و حـق مـردم را تلـف کـردن همـه و همـه فـاش مـی شـود.

فَمَا لَهُ مِن قُوَّةٍ وَلَا نَاصِرٍ (۱۰)

معنی: [انسان] نه قدرتی دارد و نه مددگاری.

تفسـیر: انسـان یـک موجـود بسیار خودخـواه و مغـرور اسـت. ایـن خودخـواهـی و غـرور بـاعـث مـی شـود کـه خـود را فـرامـوش کنـد کـه مخلـوق اسـت و خـدای خالـق وجـود دارد. بـه مسایل دنیـوی مغـرور مـی شـود و فرامـوش مـی کنـد کـه بـا همـه نیـروی مغـزی کـه بـرایـش اعطا گـردیـده اسـت قـدرت خداونـد را نـدارد و یـاوری بـه جـزء خداونـد موجـودی دیگـری نیسـت کـه نجاتـش دهـد.

وَٱلسَّمَآءِ ذَاتِ ٱلرَّجْعِ (۱۱)

معنی: و سـوگند بـه آسمان کـه باران [از آن] بَر میگـردد.

تفسیر: رجـع از رجـوع آمـده اسـت یعنـی برگشـت. مـردم عـرب بـه بـاران هـم رجـع مـی گـوینـد. دریـن جـا بعضـی مفسرین معنی کـرده انـد کـه سـوگند بـه آسمان پُر بـاران کـه درسـت نیسـت. سـوگند بـه آسمان کـه بـاران از آن برگشـت مـی کنـد. موضـوع علمـی موضـوع ایـن اسـت کـه ابـر هـا از قطرات آب تشـکیل شـده اسـت. در داخـل ابـر هـا قطرات آب یه یکدیگـر مـی پیوندند.

وقتی قطرات آب سنگین می شوند و قدرت معلق بودن را در آسمان نه میداشته باشد به صورت باران به زمین رجعت می کند. همچنان قرآن مجید یک موضوع مهم علمی دیگر را با این آیه خاطر نشان میکند و آن عبارت است از « چرخهٔ آب» یعنی با تبخیر آب از زمین قطرات ساخته می شود و دوباره برمیگردد که در زیست شناسی نهایت ارزنده است .

وَٱلْأَرْضِ ذَاتِ ٱلصَّدْع (۱۲)

معنی: و قسم به زمین که طبیعت گیاه پرور دارد.

تفسیر: زمین در اثر آبیاری که از قطرات باران بارور میشود و نباتات و گیاهان می روید که دو موضع را احتوی می کند. مسایل غذایی و مسلهٔ ایکولوژی یا زیست با همی در خلقت راکه باعث سرسبزی و شادابی زمین و محیط زیست میگردد.

إِنَّهُ لَقَوْلٌ فَصْلٌ (۱۳)

معنی: بیان است که خوب و بد را تفکیک می کند.

تفسیر: هدف آیه از قرآن مجید است که سخن قاطع است و خوب و بد را برای رهنمایی انسان تفکیک کرده است.

وَمَا هُوَ بِٱلْهَزْلِ (۱٤)

معنی: و آن بیهوده و تفریحی نیست.

تفسیر: کسان که ایمان می آورند قرآن را جدی میگیرند. درین جا خداوند خاطر نشان میکند که این قرآن بیهوده و برای تفریح شما نیست بلکه برای رهنمایی شماست تا شما رستگار شوید.

إِنَّهُمْ یَکِیدُونَ کَیْدًا (۱٥)

معنی: براستی آنها مداوم طرح ریزی می کنند.

تفسیر: کسان که به خداوند ایمان ندارند و کوشش نه میکنند تا حقیقت را درک کنند آرام نه می نیشینند و همیشه بر علیه قرآن و اسلام حیله و دسیسه می کنند و شما شاهد این موضوع در رسانه ها هستید.

وَأَکِیدُ کَیْدًا (۱٦)

معنی: و من هم طرح ریزی می کنم.

تفسیر: مخالفان اسلام همیشه در همین کوشش هستند تا قرآن مجید را

نهی کنند و آیات را تکذیب کنند و پیامبر (ص) را دروغگو بشمارند. برای این کار برنامه های طرح ریزی میکنند و از طریق رسانه ها پخش می شود و مردم را اغفال میکنند و کوشش شان همین است تا مردم بیراه شوند. اما خداوند برای شان میگوید که او هم طرح ریزی میکند تا چگونه برنامه های مخالفان را خنثی سازد.

فَمَهِّلِ ٱلْكَٰفِرِينَ أَمْهِلْهُمْ رُوَيْدًۢا (۱۷)

معنی: پس بر کفار مهلت بده و آنان را اندکی به خود شان بگذار.

تفسیر: خداوند موجود بسیار غفور و رحیم است. برای آنانیکه تخریب می کنند و به کفر گرایده اند مهلت میدهد تا اگر خود را اصلاح کنند.

سُورَةُ الاٴعلى

مقدمه

سورۀ مکی است و دارای نوزده آیه است. اعلی بلند ترین معنی میدهد. هدف اساسی سوره این است که خداوند انسان را موزون آفریده است و اگر انسان با رهنمود های قرآن مجید زیست کند به معراج تعالی می رسد. انسان مسئول اعمال و کردار خود است. می تواند انسان فاضل باشد و می تواند انسان نادان باشد. این سوره حقانیت سلسلۀ پیامبران از ابراهیم (ع) تا موسی (ع) و رسالت محمد (ص) بیان میدارد. در مورد فضیلت آن حضرت محمد (ص) فرموده است هر کسی که سورۀ اعلی را بخواند خداوند به عدد هر حرفی که به ابراهیم (ع) و موسی (ع) و محمد (ص) نازل کرده ده حسنه به او اعطا میفرماید. امام غزالی علیه الرحمه این سوره را گوهر علم نام نهاده است. کسی اگر خواب بیند که سورۀ اعلی میخواند بسیار تسبیح گو می باشد.

بِسْمِ ٱللّٰهِ ٱلرَّحْمٰنِ ٱلرَّحِیمِ

سَبِّحِ ٱسْمَ رَبِّكَ ٱلْأَعْلَى (۱)

معنی: نام پروردگار بلند مرتبت را به پاکی یاد کن.

تفسیر: پیام فوق العاده مهم درین آیه نهفته است. نه تنها که پیامبر با یاد خداوند بلند مرتبت به معراج می رسد هر انسان خداپرست که به جزء از خداپرستی هدفی نداشته باشد به معراج تعالی و خوشبختی می رسد. وقتی این آیه نازل شد رسول اکرم فرمود که این را در سجده بگویید و همین است که در سجده سبحان ربی الاعلی گفته می شود.

ٱلَّذِی خَلَقَ فَسَوَّىٰ (۲)

معنی: اویکه خلق کرد و نظم و تناسب بخشید.

تفسیر: دلایل متعدد است که انسان خداوند را به بلندی و شکوه یاد کند. اول خداوند انسان را به بهترین صورت و توازن خلق کرد و به او زندگی بخشید. صفات و اوصاف انسانی را به او اعطا کرد. محیط زیست را برای آسایش انسان فراهم کردو به انسان علم آموخت. این است که انسان باید بسیار سپاسگزار باشد.

وَالَّذِی قَدَّرَ فَهَدَیٰ (٣)

معنی: اویکه سرنوشت انسانی را [مطابق شریعت و طبیعت] مقدر کرد و رهنمایی نمود.

تفسیر: خداوند برای آسانی زندگانی راه و اصول زندگی را به اساس شریعت خودش که با طبیعت انسان سازگار است وضع نمود تا انسان هرگز بیچاره نشود و راه سعادت و خوشبختی را به پیش گیرد.

وَالَّذِی أَخْرَجَ الْمَرْعَیٰ (٤)

معنی: اویکه سرسبزی و چراگاه را پدید آورد.

تفسیر: انسان به محیط زیست سالم نیازمند است. ازینرو خداوند سرسبزی و شادابی را برای انسان و چراگاه را برای حیوانات پدید آورد تا انسان به آرامش روحی با محیط زیست وفق کند و زندگی آرام داشته باشد.

فَجَعَلَهُ غُثَاءً أَحْوَیٰ (٥)

معنی: باز آنرا خشک و تیره گردانید.

تفسیر: یک موضوع علمی دیگر در قرآن مجید که زمین را برای بارور شدن خشک و تیره می سازد. بدین ترتیب زمین برای حاصل خوبتر آماده می شود. در ایالات متحده زمین ها را برای اینکه مواد کیمیاوی خوب تر تولید کند آتش سوزی میکنند.

سَنُقْرِئُكَ فَلَا تَنسَیٰ (٦)

معنی: به زودی[مرحله به مرحله]، [قرآن] را به تو می آموزانیم تا فراموش نکنی .

تفسیر: هدف آیه آموزش و پرورش قرآنی است که با مراحل مختلف خداوند به پیامبر اکرم (ص) نازل میکند تا به خاطر بسپارد تا فراموش نکند.

إِلَّا مَا شَاءَ اللَّهُ إِنَّهُ یَعْلَمُ الْجَهْرَ وَمَا یَخْفَیٰ (٧)

معنی: مگر آنچه خداوند خواهد که بی گمان او آشکار و پنهان را میداند.

تفسیر: انسان به ارادۀ خداوند می آموزد. همه علم برای خداوند آشکار و پنهان است، اما برای انسان همه چیز آشکار نیست. بعضی مسایل است

که انسان فهمیده نه می تواند با اینکه کوشش می کند که بداند. اما خداوند برای انسان حدود تعیین کرده است و تا خداوند نخواهد انسان فهمیده نه می تواند.

وَنُيَسِّرُكَ لِلْيُسْرَىٰ (۸)

معنی: و ما برای تو طریقه را آسان می سازیم که تعقیب کنی.

تفسیر: اینجا هدف از شریعت خداوند است که برای پیامبر (ص) طریقهٔ آسان را می آموزاند که تعقیب کند و متعاقباً مردم از پیامبر بیاموزند. این آیه به ما می رساند که در دین سختی و غلو نیست و دین با طبیعت مردم سازگار است و تعصب و تنگ نظری درین دین جا ندارد.

فَذَكِّرْ إِن نَّفَعَتِ ٱلذِّكْرَىٰ (۹)

معنی: پس تذکر ده اگر تذکر سودمند افتد.

تفسیر: یکی از نعمت های خداوند به انسان فکر و تعقل آزاد است. پیام الهی برای همه بشریت است و اما هستند مردمان که گوش شنوا ندارند و کوشش نه می کنند تا درک حقیقت کنند. برای آنها اگر پیام رسانده شود سودمند نخواهد بود زیرا خود در غفلت به سر می برند. این پیام برای کسانی است که خداوند را به واقعیت شناخته اند و درک خدا شناسی دارند.

سَيَذَّكَّرُ مَن يَخْشَىٰ (۱۰)

معنی: پند و اندرز را کسانی دریافت می کنند که از خدا پروا دارند.

تفسیر: واقعاً کسانی می توانند که راه اصولی و اساسی زندگی را به پیش گیرند که خداوند را در رگ و قلب خود حس می کنند. پند را کسانی حصول میکنند که در راه خداشناسی و معرفت قدم بر میدارند. و ترس خدا در قلب شان است لذا کارخلاف نه می کنند که خلاف موازین انسانی باشد. هستند مردمان که ادعای خدا پرستی میکنند و اما درراه خدا نیستند مانند طالبان. و یا غربیان در علم و فنون پیشرفته هستند و اما همه برای مفاد خود شان است و از همین سبب از عدالت به دور هستند.

وَيَتَجَنَّبُهَا ٱلْأَشْقَى (۱۱)

معنی: و بدبخت ترین مردم آنانی هستند که از [پند] جلو گیری میکنند.

تفسیر: بلی آنانیکه از پند و اندرز خداوند دوری میکنند و یا جلو گیری

میکنند از مردمان بدبخت هستند زیرا راز و حکمت زندگی را نمیدانند. فقط مسایل دنیایی را میدانند و این برای خوشبخت بودن و حتی انسان بودن کافی نیست.

أَلَّذِى يَصْلَى ٱلنَّارَ ٱلْكُبْرَىٰ (١٢)

معنی: همان است که در بزرگترین آتش داخل می شود.

تفسیر: کفار و آنانیکه خداوند را نهی میکنند سوال میکنند که پس خداوند ظالم است که مردم را به آتش می سوزاند برای اینکه به او (خدا) باور ندارند. استغفرالله. نه اینطور نیست. خداوند عادل مطلق است. کسانیکه راه آتش سوزان می شوند برای این است که جهان هستی را که خالق آن خداوند است انکار میکنند. این انکار بدبختی های بی شمار را به بار می آورد. خداوند مالک همه جهان هستی است و او محافظ خلقت خود است. اگر آنان که خلاف رفتاری میکنند و به خلقت او تجاوز میکنند جزا ندهد جهان تباه می شود.

ثُمَّ لَا يَمُوتُ فِيهَا وَلَا يَحْيَىٰ (١٣)

معنی: بگونه ایکه که در آن آتش نه میمیرد و نه زنده میماند.

تفسیر: انسان ها با اعمال خراب خود آیندۀ خود را تباه می کنند و اکثراً از اعمال خود توجیه نادرست دارند. بدینصورت در یک حالت قرار میگیرند که نه واقعا زندگی میکنند و اما زنده هستند. آنانیکه واقعاً میخواهند زنده مانند توبه میکنند و به سوی خالق برمیگردند و آنانیکه نه می کنند با گفتار و کردار خود باعث بدبختی خود می شوند.

قَدْ أَفْلَحَ مَن تَزَكَّىٰ (١٤)

معنی: و کسی رستگار میشود که پاکیزه زیست کند.

تفسیر: هدف از پاکیزگی دوری از شرک است و خداوند واحد را شناختن. اما شرک تنها این نیست که مردم به خداوند شریک قایل نشوند. شرک از نگاه توحید نه شناختن جهان هستی است که یک خالق دارد و همه نظام هستی از آن اوست. هر کسیکه نه تواند تشخیص کند که خالق یکی است، جهان هستی یکی است ؛انسان یکی است و علم هم یکی است و همه با هم یک بافت دارد مشرک میشود. زیرا نظام را دوگانه و سه گانه می بیند.

وَذَكَرَ ٱسْمَ رَبِّهِ فَصَلَّىٰ (۱۵)

معنی: و نام پروردگار را ذکر کرد و نماز گزارد.

تفسیر: وقتی انسان قادر می شود که خدایش بشناسد نام او را بار بار ذکر میکند زیرا خالق خود را می شناسد. میداند که از کجا آمده است و به کجا می رود. میداند که روزی دهنده او و عزت دهنده ی او و قانون دهنده ی او خداوند است. اینجاست که برای شکرانگی نعمات خداوند سر به سجده میگزارد و نماز ادا می کند.

بَلْ تُؤْثِرُونَ ٱلْحَيَوٰةَ ٱلدُّنْيَا (۱۶)

معنی: بلکه شما زندگی دنیا را ترجیح میدهید.

تفسیر: اساساً زندگی دنیا برای ساختن زندگی آخرت است در صورتیکه ما غافل نباشیم. هدف این آیه این است که با مصروفیت های دنیایی ما نباید آخرت را فراموش کنیم و یا خداوند را فراموش کنیم. ما باید در چهارچوب شریعت خداوند از زندگی دنیا لذت ببریم و اما متوجه باشیم که زندگی دنیا ما را فریب ندهد که چنان مشغول کند که آخرت فراموش شود. ما باید خوب بخوریم و بنوشیم و بپوشیم و اما اسراف نکنیم. ما باید عبادت خداوند را فراموش نکنیم و همیشه به یاد داشته باشیم که این دنیا بقا ندارد و کاری کنیم که آخرت ما اسوده شود. دست فقیر و بیچاره را بگیریم. خدمات کنیم که، آیندۀ ما را که آخرت است بسازد.

وَٱلْأَخِرَةُ خَيْرٌ وَأَبْقَىٰ (۱۷)

معنی: اما آخرت بهتر و پایدار تر است.

تفسیر: این دنیا، دنیای است که بقا ندارد و جاودانی نیست. آخرت دنیای جاودانی است. ما همه ازین دنیا رفتنی هستیم. و زندگی واقعی یک مومن دنیای آخرت است اگر درست تعقل کند.

إِنَّ هَٰذَا لَفِى ٱلصُّحُفِ ٱلْأُولَىٰ (۱۸)

معنی: و این [پند ها] در کتب پیشین آمده است.

تفسیر: پیام خدا پرستی از اول خلقت توسط پیامبران گوناگون به مردم ابلاغ شده است. درین جا اشاره می کند که این سخنان و اندرز ها در کتب پیشین آسمانی آمده است و یعنی نو نیست. درین آیه قرآن مجید دو موضوع را واضح می سازد. اول اینکه قرآن تداوم کتب پیشین است نه

اینکه یك دین نو باشد كه مردم با پیام هایش آشنایی نداشته باشند. دوم که در آیه بعدی می بینیم پیامبران ماقبل را رسمیت می بخشد و احترام شان به ما مسلمانان واجب می سازد.

صُحُفِ إِبْرَاهِيمَ وَمُوسَىٰ (١٩)

معنی: در کتب ابراهیم و موسی.

تفسیر: این دو پیامبر که از پیامبران بزرگ اسلام و وحدانیت هستند درین آیه مستقیم تذکر یافته است. دلیل عمده این است که حضرت ابراهیم (ع) بنیاگزار توحید است و حضرت موسی (ع) برایش ده فرمان برای رهنمایی قوم یهود نازل شد. همچنان در تورات بعضی مطالب از خلقت و جهان هستی و داستان های افسانوی می بینیم که توسط پیروان وضع شده و نوشته شده است. به هر حال اینکه قرآن می گوید در کتب پیشین تذکر یا فته بعضی موضوعات است که با یهودان مسلمانان شریك هستند. طور مثال نخوردن گوشت خوك.

سُورَةُ الغَاشِيَةِ

مقدمه

سورۀ غاشیه از سوره های مکی است و دارای بیست وشش آیه است. غاشیه معانی مختلف دارد. در لغت معنی آن رویداد خرد کننده و پوشاندن است. منظور در این سوره قیامت و رستاخیز است زیرا حوادث وحشتناک را زیر پوشش قرار میدهد. این سوره سه بحث مهم دارد. معاد و کیفرهای دردناک مجرمان، توحید یعنی یگانگی جهان هستی که خداوند خالق آن است و نبوت که نقش پیامبر را در جامعۀ بشری ترسیم می کند. همچنان واضحاً روز بد را از خوب تفکیک می کند و مومنان و دوزخیان را از سرنوشت شان آگاه می سازد. مانند همه سوره ها فضلیت دارد. حضرت محمد (ص) فرموده است که اگر کسی این سوره را بخواند خداوند حساب او را در قیامت آسان میکند. امام غزالی این سوره را گوهر علم خوانده است. کسی که در خواب بیند که سورۀ غاشیه میخواند از هول و وحشت قیامت هراسان است.

بِسمِ ٱللهِ ٱلرَّحمَٰنِ ٱلرَّحِیمِ

هَلْ أَتَٰكَ حَدِیثُ ٱلْغَٰشِیَةِ (۱)

معنی: آیا داستان رویداد خرد کننده به تو رسیده است؟

تفسیر: یکی از اساسات عمدۀ دین ما اعتقاد به روز آخرت است که همه پاسخگو می باشند. اینجا به شکل استفهامیه سوال میشود که از روز مصیبت بزرگ خبر داری که چه اتفاق می افتد.

وُجُوهٌ یَوْمَئِذٍ خَٰشِعَةٌ (۲)

معنی: چهره های در آنروز خوار و ذلیل هستند.

تفسیر: کسانی خوار و ذلیل هستند که بدون تعمق خداوند و آیات او را رد کردند، ریشخند کردن و تصور کردند که روز آخرت و رستاخیز همه دروغ است. آنوقت است که بیدار می شوند که حقیقت چیزی دیگری است.

عَامِلَةٌ نَّاصِبَةٌ (۳)

معنی: با اعمال ناشایسته در آخرت رنج می برند.

تفسیر: خداوند به انسان عقل و شعور داده است و اما متاسفانه در راه غلط

استفاده میکند. حکمت های خداوند را نا دیده میگیرد و این در آخرت باعث رنج و عذاب او می شود.

تَصْلَىٰ نَارًا حَامِيَةً (٤)

معنی: [خود شان به دست خود] در آتش سوزان می سوزند.

تفسیر: این تصمیم انسان هاست که در مورد دنیا و آخرت تصمیم بگیرند و از عقل سلیم کار گیرند. اگر در آتش سوزان می افتند خود شان این حالت را برای خود به وجود آورده اند نه اینکه خدا خواسته باشد. انسان آزاد و خود مختار است. همانطوریکه در دیگر مسایل خود تصمیم گیرنده هستند، در مسلۀ ایمان هم انسان آزاد است. انسان ها در مسایل زندگی یک ریسک (خطر) را میگیرند و این هم ریسک است که با اینکه برای شان بار بار تاکید شده است که این ریسک را نگیرید اما باور ندارند. مردم ملحد و دهری سایت ها دارند به نام آزادی فکری. میگویند ما آزاد اندیش هستیم و نه میخواهیم مطلب را که دین می گوید قبول کنیم. دین هم به شما همین آزادی را میدهد که خود تصمیم بگیرید و مثل اینکه در تجارت و امور زندگی ریسک میگیرید درین مورد هم خود مختار هستید. هر کار زندگی نتیجۀ خوب و بد دارد. خداوند به ملحد، کافر و دهری می گوید که به راه غلط نروید و ریسک را نگیرید.

تُسْقَىٰ مِنْ عَيْنٍ ءَانِيَةٍ (٥)

معنی: از چشمۀ داغ و جوشان نوشانیده می شوند.

تفسیر: جزای آنانیکه آیات خدا و پیامبران رد میکنند همین است. این آیه خاص برای کفار، ملحدین و دهریان و آنانیکه آیات را رد می کنند گفته شده است. در بالا مفصل توضیح شد.

لَّيْسَ لَهُمْ طَعَامٌ إِلَّا مِن ضَرِيعٍ (٦)

معنی: طعامی جز از الجی های نصواری ندارند.

تفسیر: در مورد نبات ضریع معانی گوناگون وجود دارد که به حقیقت علمی نزدیک نیست. در همه تفاسیر گذشته بدون اینکه تحقیقات علمی صورت گرفته باشد ضریع را خار و یا خار تلخ و یا خار خشک، گیاه خار دار و درخت آتشین ترجمه کرده اند که غلط است. تنها خلیل بن احمد فراهیدی که از علمای مشهور علم لغت بود (١٧٠-١٧٥هجری قمری) می گوید « ضریع گیاه سبز بد بویی است که از دریا [بحر]بیرون

مـی افتـد» و ایـن صحیـح تریـن ترجمـه اسـت زیـرا ایـن ترجمـه بـا مطالعـات جدیـد نبـات شناسـی همنواسـت. مطالعـات عصـری نبـات شناسـی ضریـع را چنیـن مـی گویـد: الجـی هـای سـبز، نصـواری و سـرخی دار اسـت کـه در اثنـای مـد و جـزر در سـاحل پرتـاب میشـود. نبـات آب دار اسـت و در سـواحل بحیـرۀ سـرخ (بحیـرۀ احمـر) بـه کثـرت مـی رویـد. همچنـان در دیگـر سـواحل کـه آب شـور دارنـد دیـده مـی شـوند.

لَّا يُسْمِنُ وَلَا يُغْنِی مِن جُوعٍ (۷)

معنی: نه فربه می کند و نه گُرسنگی را فرو می نشاند.

تفسیر: ایـن غـذای کـه بـرای بـدکاران تهیـه شـده نـه سـیر مـی کند و نـه گشـنگی را فرومـی نشـاند و برعکـس خـوردن آن انسـان را عـذاب میدهـد.

وُجُوهٌ يَوْمَئِذٍ نَّاعِمَةٌ (۸)

معنی: چهره های که در آن روز شاداب اند.

تفسیر: مومنـان وخـدا پرسـتان در روز آخـرت بسـیار شـاداب و مرفه مـی باشـند زیـرا اجر اعمـال نیکـوی خـود را مـی بیننـد.

لِّسَعْيِهَا رَاضِيَةٌ (۹)

معنی: از تلاشِ های که[در زندگی کردند] خشنود هستند.

تفسیر: اساساً اعمـال و کـردار و گفتـار نیـک دریـن دنیـا، زندگـی آخـرت را مـی سـازد. آنانیکه دریـن دنیـا خـدا پرسـت بودنـد و اعمـال نیـک انجـام دادنـد نتیجـۀ کوشـش هـای کـه در راه خداپرسـتی کردنـد مـی بیننـد و از همیـن سـبب شـاداب هسـتند.

فِی جَنَّةٍ عَالِيَةٍ (۱۰)

معنی: در بهشت برین هستند.

تفسیر: مـکان اهـل ایمـان و راسـتی و خـدا پرسـتی بهشـت بریـن اسـت و ایـن چیـزی اسـت کـه از طـرف خداونـد وعـده داده شـده اسـت و وعـده خـدا حـق اسـت.

لَّا تَسْمَعُ فِيهَا لَاغِيَةً (۱۱)

معنی: [در آنجا] بیهوده نه می شنوند.

تفسیر: بهشـت مـکان منزه ودور از همـه بیهـودگی هـای انسـانی اسـت. دریـن

جا سخنان که روح را آزار دهد وجود ندارد و اهل بهشت آن سخنان بیهوده مانند دروغ، فحش، نفاق آمیز و غیره را نه می شنوند.

فِیهَا عَیْنٌ جَارِیَةٌ (١٢)

معنی: در آن چشمه های روان است.

تفسیر: یکی از زیبایی های بهشت چشمه ها و نهر هاست. تعبیر های گوناگون از چشمه نگاشته شده است. چشمه ممثل جلای روح است. مسلمانان فواره های زیبا در حیاط عمارات بنا کرده اند و ابتکار مسلمانان در قصر ها و عمارات مجلل است و نمایندگی از صیقل قلب می کند.

فِیهَا سُرُرٌ مَّرْفُوعَةٌ (١٣)

معنی: در آنجا تخت های بلند عزت است.

تفسیر: در دنیا صاحبان قدرت و جلال دوست دارند تا در تخت های بلند نیشینند و لذت برند. در بهشت همین شکوه برای مومنان و اهل ایمان است به تفاوت اینکه در بهشت مسلۀ قدرت نیست بلکه عزت است که از طرف خداوند به ایشان داده می شود. عزت به خاطر اعمال نیک و اطاعت و ایمانداری. در بهشت تنها رستگاران ازین مزایا مستفید می شوند.

وَأَکْوَابٌ مَّوْضُوعَةٌ (١٤)

معنی: و جام های نهاده شده.

تفسیر: جام ها در کنار چشمه ها قرار دارد. و از چشمه های روحانی سیراب میشوند. موضوع نوشیدن خَمر یا مشروب نشه آور نیست.

وَنَمَارِقُ مَصْفُوفَةٌ (١٥)

معنی: و بالش های که [در یک صف] چیده شده است.

تفسیر: قرآن کتاب است که برای مردم است و برای نیازمندی های مردم. خداوند بهشت را طوری برای مومنان مجسم می سازد که در دنیا به همان اثاثیه و طرز زندگی آشنایی دارد. اما مسایل که در بهشت است با اینکه با فهم انسان برابری دارد و اما بالا تر و بلند تر و زیبا تر از چیزی است که ما تصور می کنیم. اینجا بالش ها برای مومنان ردیف شده تا روح و روان شان آسوده باشد.

وَزَرَابِیُّ مَبْثُوثَةٌ (۱٦)

معنی: و فرش های فاخر گسترده شده است.

تفسیر: قسمیکه در بالا گفتیم اینجا هم انسان به فرش احتیاج دارد تا روی آن بنشیند. اما در بهشت فرش های فاخر و دور از تصور ماست. از دید انتروپولوژی کلتوری یا بشر شناسی فرهنگی خداوند با این آیات رسم یک زندگی را هم آموخته است. ببینید ما همه قالین داریم و بالش ها به دیوار ها تکیه زده برای زیست داخل خانه است و تقریبا در همه خاور زمین همین یک سبک است. مردم روی فرش می نیشینند و بالش ها دارند که به آن تکیه می کنند.

أَفَلَا يَنظُرُونَ إِلَى الْإِبِلِ كَيْفَ خُلِقَتْ (۱۷)

معنی: آیا به شتر نه می نگرند که چگونه آفریده شده است؟

تفسیر: برای اینکه خداوند به بندگان نشان دهد که موارد را که در مورد بهشت بیان داشت دروغ نیست، درین آیه، به تعقیب آیات قبلی، خلقت شتر را برای حقانیت قرآن بیان میدارد. شتر یکی از مخلوقات عجیب است که مطالعه آن انسان را به شگفت وا میدارد. خداوند می گوید آیا به شتر نه می نگرند که چگونه آفریده شده است؟ واقعاً شگفت انگیز است. اول اینکه شتر که یکی از مواشی بسیار مهم اقوام عرب و در خاور میانه و آسیای مرکزی است و در محیط خشک و بی علف سازگار است. شتر بسیار به آسانی بی آبی و بی خوراکی را تحمل میکند و از بوته های صحرایی و دشتی و بوته های که مزه تلخ دارد می تواند تغذیه کند. شتر یک کوهانه می تواند در هر ده روز یک بار آب بنوشد. در فضای نهایت گرم طاقت می آورند و به ندرت عرق می کنند. شتر دارای پوشش بسیار ضخیم است که هوای داغ و سوزان صحرایی را طاقت می آورد. دهن شتر دارای پوشش ضخیم چرمی است که می تواند علف های خار دار را بجود. پا های بلند شتر با دور نگه داشتن بدنش از زمین بدنش را سرد نگه میدارد. کف پای شتر پهن است و به آسانی می تواند در ریگزار قدم بر دارد و در ریگ گور نمیرود. شتر مژه های بزرگ دارد که چشم ها را در مقابل طوفان های صحرایی محافظت میکند. در مورد شتر می توانید زیاد تر از طریق سایت ها مطالعه کنید.

وَإِلَى ٱلسَّمَاءِ كَيْفَ رُفِعَتْ (۱۸)

معنی: و به آسمان که چگونه برافراشته شده است.

تفسیر: آسمان عظمت خود را دارد و امروز تا جایکه مطالعات نشان میدهد، آسمان از نگاه سانیس یک حکمت خداوند است. کرات که با نظم حرکت میکنند. رنگ آبی و زیبای آسمان و ستارگان از حکمت های پروردگار است. آسمان اساساً بی رنگ است و اما به دلیل مولیکول های که درون جو زمین منتشر می شوند ما آسمان را آبی می بینیم. از نگاه ساینس پدیده انتشار نور است. یعنی اینکه رنگ آبی با طول موج کوتاه بیشتر از رنگ سرخ منتشر می شود و این باعث می شود که ما آسمان را آبی می بینیم. ابر ها باران همه و همه مسایل ساینس امروز را تشکیل میدهد که قرآن با یک آیه اشاره دارد. انسان با ایمان درک این حکمت ها را دارد که خالق و گرداننده آن کیست.

وَإِلَى ٱلْجِبَالِ كَيْفَ نُصِبَتْ (۱۹)

معنی: و به کوه ها که چگونه [در زمین] میخکوب شده اند.

تفسیر: لطفاً سوره نبا آیه چهارم را ببینید.

وَإِلَى ٱلْأَرْضِ كَيْفَ سُطِحَتْ (۲۰)

معنی: و به زمین که چگونه گسترده شده است.

تفسیر: لطفاً سوره نازعات آیه سی ام را ببینید.

فَذَكِّرْ إِنَّمَا أَنتَ مُذَكِّرٌ (۲۱)

معنی: پس پند ده که تو تنها پند دهنده ای.

تفسیر: وظیفهٔ پیشوای اسلام تنها رساندن کلام الهی منحیث یک پند و اندرز بزرگ بود نه تحمیل دین بالای مردم.

لَّسْتَ عَلَيْهِم بِمُصَيْطِرٍ (۲۲)

معنی: تو بر ایشان مسلط و مراقب نیستی.

تفسیر: معنی این آیه این است که قسمیکه گفتیم وظیفهٔ محمد (ص) تنها پیام رساندن بود نه اینکه بالای مردم مراقب باشد و یا تسلط داشته باشد. مردم دین را باید به تشبث خود و تفکر خود قبول کنند.

إِلَّا مَن تَوَلَّىٰ وَكَفَرَ (٢٣)

معنی: مگر کسی که روی گرداند و کافر شود.

تفسیر: کسی که از خدا روی میگرداند و خودش میخواهد کافر شود گزینهٔ خود اوست نه اینکه خدا و پیامبر خواسته باشد. خودش مسئول خود است.

فَيُعَذِّبُهُ ٱللَّهُ ٱلْعَذَابَ ٱلْأَكْبَرَ (٢٤)

معنی: پس خداوند او را به عذاب بزرگ ،عذاب میکند.

تفسیر: کسانیکه ایمان نه می آورند خود شان مسئول هستند و ریسک عذاب بزرگ را میگیرند. خواهش خود شان و راه انتخاب خود شان است. مردم نباید مداخله کنند. خود شخص جوابگو است.

إِنَّ إِلَيْنَآ إِيَابَهُمْ (٢٥)

معنی: همانا بازگشت شان به سوی ماست.

تفسیر: همه بالاخره به خداوند برمیگردند و هیچ کس ازین اصول برگشت به خدا مستثنی نیست.

ثُمَّ إِنَّ عَلَيْنَا حِسَابَهُم (٢٦)

معنی: و آنگاه حساب شان برماست.

تفسیر: هر کس مسئول خود است. این آیهٔ اخیر این سوره در مسایل اجتماعی ما نهایت ارزنده است که حساب مردم که ایمان نه می آورند با خداست نه مردم.

سُورَةُ الفَجر

مقدمه

سورۀ فجر مکی است و دارای سی آیـه است. فجراصلاً شگافتن وسیع معنی میدهـد. چون نـور تاریکـی شب را مـی شگافد، تعبیـر بـه فجـر شـده است یعنی سپیده دم یا بامداد. نام این سوره از آیۀ اول گرفته شده است. وقتـی آیـات را دقیقاً عمیـق مطالعـه کنیم تکـرار بـه مـردم ظالم و بـی خِرد تهدیـد هـای دارد و همچنان آنانیکه طغیان میکنند سرنوشت شـان را قلم می زنـد. فضیلـت سوره را حضـرت رسول اکرم چنین بیـان مـی کنـد: کسـی کـه سـورۀ فجـر را در شبهای دهگانه یعنـی ده شب اول ذی الحجه بخوانـد خداونـد گناهـان او را میبخشـد و کسـی کـه در ایـام دیگـر بخوانـد، برایـش روشنایی در روز قیامـت است. امـام غزالـی علیـه الرحمـه ایـن سـوره را «مرواریـد عمل» نـام نهـاده است. اگـر کسـی در خـواب بینـد کـه سـورۀ فجر میخوانـد بـه کار هـای خیـر مشـغول میشـود.

بِسمِ ٱللهِ ٱلرَّحمَنِ ٱلرَّحِیمِ

وَٱلۡفَجۡرِ (۱)

معنی: سوگند به سپیده دم.

تفسیـر: خداونـد بـه سپیده دم سـوگند یـاد مـی کنـد. امـا بایـد بدانیـم کـه فجر کـه مـا صبـح یـاد مـی کنیـم بـه دو نـوع است کـه مشهور است بـه نـام هـای صبـح کاذب و صبـح صـادق. صبـح کاذب همـان سپیدی طولانـی است کـه تشبیه بـه دُم روبـاه مـی کننـد کـه نقطۀ باریکـ آن طرف افـق است و قاعدۀ مخـروط آن در وسـط آسـمان قـرار دارد. صبـح صـادق از همـان ابتـدا در افق گسـترش پیـدا مـی کنـد و نـور همـه افق مشرق را فرا میگیـرد و در همه آسـمان گسـترده مـی شـود. چـرا فجر بـا اهمیت است بـرای اینکـه نـور بر ظلمـت چیـره مـی شـود و ایـن از نشـانه هـای پـرودگار عالمیان است کـه نـور و عظمت خداونـد را بیـان میکنـد. نمـاز فجر در بیـن نمـاز هـای پنجگانه اهمیت خـاص دارد زیـرا فرشـتگان در نمـاز فجرشهادت میدهنـد. (اِن قـرآن الفجر مشهودا)

وَلَیَالٍ عَشۡرٍ (۲)

معنی: و به شب های ده گانه.

تفسیـر: مقصـد از شب هـای ده گانه ذی الحجه است. اهمیت ذی الحجـه دریـن است کـه بـا آمـدن اسـلام دامـن خرافات برچیده شـد و مراسـم حج

به اساس توحید و خدا پرستی پاکیزه شد. زیرا مردم عرب قبل از اسلام زیارت خانه خدا را میکردند و اما آلوده با شرک و خرافات. وحدانیت خداوند محور اصلی قرار گرفت و ظهور امت واحد که به جز از خدای واحد موجودی را پرستش نه میکنند.

وَٱلشَّفْعِ وَٱلْوَتْرِ (٣)

معنی: و به [جوره] جفت و طاق.

تفسیر: درین آیهٔ کوتاه قرآن به یک مسلهٔ ریاضی تماس گرفته است که به جهان انسانیت رابطه دارد. باید بگوییم که دانشمندان زبانشناسی می نویسند که زبان عربی یگانه زبان سیمیتیک یا سامی است ک به اساس اصول ریاضی استوار است و قرآن به همین زبان نازل شده است. به جفت و طاق سوگند یاد شده زیرا راز همه خلقت در آن نهفته است. جفت و طاق همواره در جانشینی همدیگر را تعقیب می کنند. با اینکه هر دو مستقل هستند اما به تنهایی خود-اکتفا نیستند. به عبارت دیگر هر عدد طاق عاقبت الامر یک جفت را تشکیل میدهد. در جهان حیوانات و نباتات و انسانیت، همه با جوره هستند. و بدین اساس همدیگر را تعارف می کند. و راز خلقت در همین اصول ریاضی است. در معنویت هم، چون انسان جزء همین خلقت بیکران است نماز ها جفت و طاق است. نماز صبح جفت است و نماز شام طاق. این حکمت های الهی است که روح و روان انسان هم جزء خلقت است و در همان اصول ریاضی استوار می باشد.

وَٱلَّیْلِ إِذَا یَسْرِ (٤)

معنی: و به شب سوگند وقتی سپری شود.

تفسیر: وقتی شب سپری می شود و صبح می شود و روشنایی پدید می آید، تاریکی به روشنایی تبدیل می شود. این صبح که با انرژی و روشنایی است تاریکی و ظلمت را به عقب می راند. در معنویات خجسته هم ایمان آوردن از تاریکی برآمدن و به روشنایی گام برداشتن است برای یک زندگی سعادتمند.

هَلْ فِی ذَٰلِکَ قَسَمٌ لِّذِی حِجْرٍ (٥)

معنی: آیا درین برای خردمند سوگندی است.

تفسیر: چهار سوگند که تذکر داده شد اشاره به اسرار کاینات دارد و انسان

را متوجه می سازد که باید خود را از تاریکی نجات دهد و خردمندان می توانند درك حقیقت کنند و بصورت استفهامیه آمده است تا توجه ما را به عمق موضوع جلب کند.

أَلَمْ تَرَ كَيْفَ فَعَلَ رَبُّكَ بِعَادٍ (٦)

معنی: آیا ندیدی که پروردگارت با قوم عاد چه کرد.

تفسیر: قوم عاد از نژاد عرب بود و در جنوب جزیرة العرب زندگی میکردند. آنها از نسل سام بن نوح بودند. این قوم از نعمت های فراوان برخوردار بودند و یک مدنیت بسیار پیشرفته داشتند. خداوند حضرت هود (ع) را برای ابلاغ توحید به این قوم فرستاد و اکثر شان رد کردند و به عذاب الهی دچار شدند.

إِرَمَ ذَاتِ ٱلْعِمَادِ (٧)

معنی: با [شهر] اِرَم که دارای [کاخ ها] و ستون ها بود چه کرد؟

تفسیر: قسمیکه گفتیم مردم شهر اِرَم در اثر بی اطاعتی حضرت هود (ع) با طوفان شدید نابود شد. در طول تاریخ مردم فکر میکردند که این شهر یک افسانه بود نه اینکه حقیقت داشته باشد. شهر اِرَم دارای ساختمان های مجلل، بلند و با شکوه بوده است. در سال ۱۹۹۸ میلادی بود که این شهر افسانوی در اثر کاوش های باستانشناسی کشف گردید و افسانه به حقیقت مبدل گشت. این شهر تاریخی در منطقهٔ «شصرفی» در صحرای « ظفاره» در کشورعمان کشف شد. این شهر در ۱۵۰ کیلومتری شمال شهر»صلاله» و ۸۰ کیلومتری شهر « ثمریت» قرار دارد.

أَلَّتِی لَمْ يُخْلَقْ مِثْلُهَا فِی ٱلْبِلَٰدِ (٨)

معنی: که نظیرش در شهر های دیگر ساخته نشده بود.

تفسیر: گفتیم که شهر اِرَم در آن زمان با تعمیرات مجلل و سبك ساختمانی خاص بنا یافته بود و نمایانگر یک تمدن با شکوه بود و اما در اثر بی اطاعتی خداوند نابود شد. کشفیات باستانشناسی می رساند که این شهر واقعا در آن زمان بی نظیر بوده است. این داستان به ما می رساند که زندگی مجلل و پیشرفته و مدرن بدون اطاعت از خدای واحد نابود شدنی است.

وَثَمُودَ الَّذِينَ جَابُوا الصَّخْرَ بِالْوَادِ (۹)

معنی: و با قوم ثمود که در آن وادی سنگ تراشی میکردند.

تفسیر: قوم ثمود هم مانند قوم عاد در اثر رد کردن پیامبر شان حضرت صالح (ع) نابود شدند. این قوم در سنگ تراشی و اعمار تعمیرات از سنگ مهارت خاص داشتند. مطالعات باستانشناسی در مناطق شمالی شبه جزیره عربستان موجودیت شان را تایید میکند.

وَفِرْعَوْنَ ذِی الْأَوْتَادِ (۱۰)

معنی: و با فرعون صاحب میخ های [شکنجه].

تفسیر: درین آیه نشان میدهد که فرعون یک شخص ظالم بود و مردم را شکنجه میکرد. عاقبت فرعون چه شد؟ منظور از میخ ها در آیه شکنجه مردم است. زمامداران که از شکنجه مردم خواستند تا قدرت را حفظ کنند به سرنوشت فرعون در تاریخ گرفتار شدند و مثال ها در تاریخ زیاد است. این آیه درس است برای آنانیکه در قدرت هستند.

الَّذِينَ طَغَوْا فِی الْبِلَادِ (۱۱)

معنی: آنانیکه در شهر ها طغیان کردند.

تفسیر: طغیان معانی مختلف دارد و منظور آیه، طغیان در مقابل خداوند است که خداوند و پیامبران را نهی کردند. همچنان طغیان اجتماعی است که مردم به فساد آمیخته می شوند و اعمال غیر اخلاقی خود را در زندگانی امروز توجیه می کنند.

فَأَکْثَرُوا فِیهَا الْفَسَادَ (۱۲)

معنی: و به کثرت فساد افزودند.

تفسیر: فساد یعنی بی عفتی، تبهکاری، هرزگی، فسق، ناشایستگی و دیگر معانی دارد. آناینکه از راه خدا بیرون می شوند به فساد گوناگون دچار می شوند و اما آنقدر در فساد غرق هستند که خود درک نه میکنند. یکی از دلایل فساد موجودیت سطح رهبری فاسد است.

فَصَبَّ عَلَیْهِمْ رَبُّکَ سَوْطَ عَذَابٍ (۱۳)

معنی: پس پروردگارت عذاب را به ایشان فرو آورد.

تفسیر: هـر عمـل از خـود عکـس العمـل دارد. آنانیکه فسـاد مـی کننـد بایـد به جـزای اعمـال شـان برسـند و ایـن عدالـت خداونـدی اسـت.

إِنَّ رَبَّكَ لَبِالْمِرْصَادِ (١٤)

معنی: به یقین پرودگار تو مراقب [احوال] است.

تفسیر: خداونـد ناظـر همـه اعمـال بندگان اسـت و هیـچ چیـز از او پوشیده نیسـت و مراقـب احـوال و اوضـاع اسـت تـا عدالـت تـام حکمفرمـا باشـد و مـردم اجـر اعمـال خـوب و جـزای اعمـال بـد شـانرا بیبیننـد.. اکثـرآ آیـئ «مرصـاد» کمیـن معنـی شـده اسـت کـه از نـگاه ادب فارسـی درسـت نیسـت.

فَأَمَّا الْإِنسَانُ إِذَا مَا ابْتَلَاهُ رَبُّهُ فَأَكْرَمَهُ وَنَعَّمَهُ فَيَقُولُ رَبِّيَ أَكْرَمَنِ (١٥)

معنی: امـا چـون انسـان را خداونـد امتحـان کنـد بـه او عـزت و نعمـت اعطـا کنـد [بـا غـرور] مـی گویـد پـروردگارم مـن را عـزت داد.

تفسیر: خداونـد انسـان را در دو حالـت امتحـان مـی کنـد. یکـی حالـت خوشـی و یکـی مصیبـت. انسـان بایـد در هـر دو حالـت متواضـع باشـد و نـه در حالـات خوشـی مغـرور شـود و نـه در حالـات مصیبـت مایـوس شـود. انسـان در هـر حالـت بایـد اعتـدال روحـی و معنـوی خـودش را حفـظ کنـد.

وَأَمَّا إِذَا مَا ابْتَلَاهُ فَقَدَرَ عَلَيْهِ رِزْقَهُ فَيَقُولُ رَبِّي أَهَانَنِ (١٦)

معنی: و او را چـون در حالـت تنگدسـتی امتحـان کنـد [آنانیکه ایمان ندارند] مـی گوینـد خداونـد مـن را اهانـت کـرد.

تفسیر: اهـل ایمـان در هـر حالـت بـه خداونـد پنـاه مـی برنـد. اگـر بـه تنگدسـتی دچـار مـی شـوند شکایه نـه مـی کننـد و امـا بـه خداونـد تـوکل میکننـد و کار هـای کـه بـرای از بیـن بـردن تنگدسـتی اسـت انجـام میدهنـد. یعنـی سـعی لازم را مـی کننـد و بـه خداونـد تـوکل میکننـد. تنهـا آنانیکه ایمان ندارنـد مایـوس مـی شـوند و فکـر میکننـد کـه تنگدسـتی شـان یـک اهانـت و تحقیـر از طـرف خداسـت. خداونـد هرگـز بنـده مومـن را خـوار و تحقیـر نـه مـی کنـد. برعکـس دسـت او را میگیـرد و از تنگدسـتی وقتـی کـه بـه او و حکمـت او اعتقـاد دارد، نجـات میدهـد.

كَلَّا بَل لَّا تُكْرِمُونَ الْيَتِيمَ (١٧)

معنی: چنیـن نیسـت. بلکـه شـما یتیمـان را گرامـی نـه مـی شـمارید.

تفسیر: یکـی از وظایـف عمـدۀ مومنین غمخورشـی کـودکان یتیـم اسـت کـه

در نظام اجتماعی فوق العاده مهم است. آنها باید عزت و احترام شوند و همه وسایل زندگی برای شان مهیا شود و به حق شان خیانت صورت نگیرد که گناه بزرگ و نابخشودنی است.

وَلَا تَحَـٰضُّونَ عَلَىٰ طَعَامِ ٱلْمِسْكِينِ (۱۸)

معنی: و یکدیگر را برای طعام دادن بینوایان تشویق نه می کنید.

تفسیر: اسلام انسان ها را به مادیات، مقام اجتماعی و سیاسی نه می شناسد مگر تقوی. یک رکن تقوی این است که با مردم فقیر و بیچاره نسبت خوب داشت و ایشان را دعوت کرد نه اینکه تنها ثروتمندان را دعوت کنیم. می شود که همان فقیر در دیانت خود از ثروتمند پیش قدم تر باشد. انسان را به کرامت انسانی او بشناسید. اسلام نظام طبقاتی را شدید محکوم می کند.

وَتَأْكُلُونَ ٱلتُّرَاثَ أَكْلًا لَّمًّا (۱۹)

معنی: و میراث [مردمان] را با حرص تماماً میخورید.

تفسیر: آنانیکه خداوند را در قلب خود نه می شناسند حقوق مردمان و ضعیفان را در بخش میراث با حرص میخورند و این گناه بزرگ است.

وَتُحِبُّونَ ٱلْمَالَ حُبًّا جَمًّا (۲۰)

معنی: و مال [دنیا را] بسیار دوست دارید.

تفسیر: یکی از مسایل که اسلام توجه مردم را جلب می کند دوستی مال دنیا و مادی پرستی است. مادی پرستی انسان را از راه اطاعت خدا بیرون می کند. این بدین معنی نیست که مردم مال نداشته باشند و یا زندگی خوب نداشته باشند و اما اگر مال دنیا جای خدا پرستی را میگیرد همان است که انسان زوال می شود. بسیار محتاط باید بود.

كَلَّآ إِذَا دُكَّتِ ٱلْأَرْضُ دَكًّا دَكًّا (۲۱)

معنی: چه تصور می کنید وقتی زمین در هم کوبیده شود.

تفسیر: اشاره به حوادث طبیعی مانند زلزله است که همه زمین هموار می شود و انسان تصورش را کرده نه می تواند. انسان نباید غافل باشد و ازین حوادث پند گیرد.

وَجَآءَ رَبُّكَ وَٱلْمَلَكُ صَفًّا صَفًّا (۲۲)

معنی: و [فرمان] پروردگارت در رسد و فرشتگان صف صف حاضر شوند.

تفسیر: اشاره به روز رستاخیز است که فرمان عدل الهی آمدنی است و فرشتگان در خدمت اند.

وَجِآىَٔ يَوْمَئِذٍۭ بِجَهَنَّمَ يَوْمَئِذٍ يَتَذَكَّرُ ٱلْإِنسَٰنُ وَأَنَّىٰ لَهُ ٱلذِّكْرَىٰ (۲۳)

معنی: و در آن روز جهنم آماده شود و آن وقتی است که انسان [از خواب غفلت] بیدار میشود. اما این بیداری ناوقت است.

تفسیر: قبلا هم گفتیم که یکی از اساسات دین اعتقاد به روز آخرت و بازپرس است. آن روزی است که حق به حقدار میرسد و جهنم برای آنانیکه کوشش نکردند تا حقیقت خدا و جهان هستی را بدانند آماده می شود و این خواه مخواه ناوقت خواهد بود. چه خوب است که در زندگی ما بالای مسایل عمیق تر شویم و بدانیم که چرا آمده ایم و به کجا می رویم و یا درک این را پیدا کنیم که آیا زندگی ما یک عبث است و بیهوده است و یا ثمرهٔ کار و زحمت خود را می بینیم.

يَقُولُ يَٰلَيْتَنِى قَدَّمْتُ لِحَيَاتِى (۲٤)

معنی: گوید: ای کاش برای زندگی [آخرت] پیش از پیش کاری انجام میدادم.

تفسیر: گویند پشیمانی سود ندارد. ما باید درک حقیقت آخرت را بکنیم و قبل ازینکه دنیای فانی را وداع گوییم و به دنیای جاودانی برسیم خدمتی به خود کنیم و آمادگی لازم را برای رفتن داشته باشیم. اکثراً يَٰلَيْتَنِى قَدَّمْتُ چنین معنی شده است که ای کاش من پیش میفرستادم و این ترجمهٔ تحت الفظ است و مفهوم آیه را نه می رساند. هدف از آیه این است که قبل از مرگ باید اعمال نیکو انجام دهیم که توشه آخرت ما همان است.

فَيَوْمَئِذٍ لَّا يُعَذِّبُ عَذَابَهُۥٓ أَحَدٌ (۲٥)

معنی: پس در آن روز هیچ موجودی مانند عذاب خداوند عذاب نه می کند.

تفسیر: همانطوریکه نعمت های خداوند بی حد است و هیچ کسی نه می تواند آنرا تهیه کند به همان ترتیب عذاب که خداوند به بندگان

فرو می‌ریزد هم مانند ندارد و باید بدانیم که خداوند عادل است و بدون موجب بنده را عذاب نه می کند. این ما هستیم که عذاب خود را با اعمال ناشایسته فراهم می کنیم.

وَلَا يُوثِقُ وَثَاقَهُ أَحَدٌ (٢٦)

معنی: و هیچ موجودی مانند به بند کشیدن او به بند نه می کشد.

تفسیر: قرآن به زبان مردم و تجارب زندگانی مردم سخن می گوید. در زندگی دنیا یک مجرم را دست و پایش را بسته می کنند تا همه آزادی او سلب شود و حتی در دست و پای مجرم زنجیر و زولانه بسته می کنند. اینجا خداوند هشدار میدهد که به بند کشیدن آنانیکه مرتکب گناه شده اند مانند به بند کشیدن دنیایی نیست و به مراتب بد تر است و مانند ندارد.

يَا أَيَّتُهَا النَّفْسُ الْمُطْمَئِنَّةُ (٢٧)

معنی: (به انسان رستگار گفته میشود) ای تو نفس آرام یافته، آرام بگیر.

تفسیر: خداوند به انسان های پاک طینت و با وجدان و صادق و شاکر و مومن اطمینان میدهد که تو آرام باش و به تو ضرری نمی رسد.

اِرْجِعِي إِلَىٰ رَبِّكِ رَاضِيَةً مَّرْضِيَّةً (٢٨)

معنی: بسوی پروردگارت باز گرد که تو از او خشنودی و او از تو خشنود است.

تفسیر: عاقبت ما به سوی پروردگار بر میگیردیم و ما از پرودگار راضی هستیم که با نعمت هایش ما را درین دنیا سرفراز ساخت و او از ما خشنود خواهد بود که از یاد و اطاعت و عبادت او غافل نبودیم.

فَادْخُلِي فِي عِبَادِي (٢٩)

معنی: پس در جمع بندگان [فداکارم] داخل شو.

تفسیر: اجر و ثواب فداکاری در راه حق همانا بهشت برین است که تنها مخلصان و فداکاران راه حق نصیب می شوند و در آیهٔ آخری این سوره می گوید.

وَٱدۡخُلِی جَنَّتِی (۳۰)

معنی: و در بهشت من داخل شو!

تفسیر: حـق را شـناختن، در راه حـق پـا مـانـدن و خـود را فـدای راه حـق کـردن پـاداش آن بهشـت برین اسـت.

سُورَةُ البَلَد

مقدمه

سورۀ مکی است و دارای بیست آیه می باشد. البلد یعنی شهر. موضوعات مهم دریـن سوره نهفته است. اول اهمیـت شهرمکه کـه زادگاه پیامبر بـود. پیامبر (ص) در شهر تولـد یافته است نه ده و قریه و ایـن از نگاه مدنـی مهـم است و تاثیـرات مهم حیاتی دارد. سوره نشـان دهندۀ ایـن حقیقت است کـه زندگی انسـان تـوام بـا چالـش هـا روبرو است و ایـن چالـش هـا وقتی سهـل و سـاده می شـود کـه انسـان نـه تنهـا سعی و تـلاش بـرای زندگی کنـد تـوکل بـه خداونـد را فرامـوش نکنـد. در غیر آن چالـش هـا بسیار مشکل خواهـد بـود. در مـورد فضیلـت ایـن سوره حضـرت رسـول کریـم (ص) فرمـوده است کـه کسی کـه سـورۀ بلـد را بخوانـد در روز قیامت از خشـم خداونـد در امـان می مانـد. امـام غزالـی علیـه الرحمـه ایـن سوره را مرواریـد عمل نـام نهـاده است. اگـر کسی خـواب بینـد کـه سورۀ بلـد را می خوانـد صدقه دادن را دوسـت دارد.

بِسمِ ٱللهِ ٱلرَّحمَٰنِ ٱلرَّحِیمِ

لَآ أُقسِمُ بِهَٰذَا ٱلبَلَدِ (۱)

معنی: سوگند به این شهر [مکه].

تفسیر: شهر مکه نـه تنها زادگاه پیامبر اسلام است در عیـن زمان کعبه دریـن شهر منحیث سمبول وحدانیت بنا یافته است و مرکـز تجارت بوده است کـه از نـگاه مدنـی بسیار مهم است. زندگی شهری از زندگی قریه یی و دِهاتی تفاوت دارد و شهر بنیانگذار یک تمدن می باشد. تحول و توسعۀ اقتصادی در شهر است. سازمان های اجتماعی شهر بـرای نمو و خلاقیت و تفکر انسـانی نقـش بـارز بازی می کند. مطالعات نشـان میدهـد کـه شهر باعث هشـتاد درصـد نمـوی اقتصادی است. شهر مکه زادگاه توحیـد است کـه حضـرت ابراهیـم (ع) بـا پسـرش حضرت اسماعیل (ع) کعبه را بنا کرد.

وَأَنتَ حِلٌّ بِهَٰذَا ٱلبَلَدِ (۲)

معنی: شهری که تو در آن اقامت داری.

تفسیر: یعنی دریـن شـهر کـه تـو سـاکن هستی پیـام توحیـد دوبـاره احیا

میشود و انقلاب فرهنگی آغاز می یابد و پیام حق و راستی به مردم جهان رسانده میشود.

وَوَالِدٍ وَمَا وَلَدَ (٣)

معنی: و سوگند به رابطهٔ [معنوی] که بین والدین و فرزند است.

تفسیر: بین والدین و اولاد همیشه یک رابطه خاص معنوی، عرفانی و عشق و محبت وجود دارد که بی نظیراست.

لَقَدْ خَلَقْنَا الْإِنسَانَ فِی کَبَدٍ (٤)

معنی: که ما انسان را در رنج و مشقت آفریدیم.

تفسیر: از نگاه علم حیه یا بیولوژی وضع زایمان یکی از درد آور ترین تجربه های است که یک زن متقبل میشود و واقعاً رنج آور است. این آیه معنی فلسفی هم دارد که انسان با درد و رنج خلق میشود و در دنیا درد ها و رنج ها را می بیند و زندگی انسانی آسان نیست. همیشه در جدال و کوشش و تشخیص حق از باطل و چالش های نفسانی قرار میگیرد. به مال و اولاد و ثروت و مقام امتحان میشود. در مسایل دو دله می باشد. اشتباه می کند. به خطا می رود. توبه می کند. و صد ها تجربهٔ دیگر که همه در مقام انسانیت است.

أَیَحْسَبُ أَن لَّن یَقْدِرَ عَلَیْهِ أَحَدٌ (٥)

معنی: چنین فکر میکند که هیچ کس بالای او قدرت ندارد.

تفسیر: انسان آزاد خلق شده است و برایش قدرت فکری خاص داده شده است. همین باعث می شود فکر کند که خودش همه چیز است و موجودی دیگری نیست که به او حساب دهنده باشد و یا بالای او قدرت داشته باشد.

یَقُولُ أَهْلَکْتُ مَالاً لُّبَدًا (٦)

معنی: [مغرورانه] می گوید که ثروت هنگفتی را نابود کردم.

تفسیر: در بارهٔ این آیه تفاسیر متعدد وجود دارد. نزدیکترین تفسیر این است که یکی از سران قریش، حارث بن عامرمرتکب گناه شد و راه چاره را از پیامبر (ص) سوال کرد. پیامبر (ص) دستور کفاره را به او داد. او گفت: اموال من از آن روزی که وارد دین اسلام شدم در کفارات و نفقات نابود شد.

أَيَحْسَبُ أَن لَّمْ يَرَهُ ۥ أَحَدٌ (٧)

معنی: آیا گمان می کند که او را کسی ندیده است.

تفسیر: انسان که به خدا ایمان ندارد هر کاری را که میکند فکر میکند کسی او را نه می بیند در حالیکه خداوند ناظر اعمال همه انسانهاست و انسان مسلمان و غیر مسلمان بلاخره جواب دادنی است و هیچ چیز پوشیده نه می ماند.

أَلَمْ نَجْعَل لَّهُ ۥ عَيْنَيْنِ (٨)

معنی: آیا برای او دو چشم نیافریدیم؟

تفسیر: اینجا انسان را متوجه نعمت های که خداوند به او داده متوجه می سازد که یکی از آن یک جوره چشم است. چشم انسان از عجایب خلقت است. اول اینکه بیدرنگ و بدون تامل تمرکز یا «فوکس» می کند و دوم مغز جریان دید را به سریع ترین صورت آن انتقال میدهد و انسان می بیند و این سرعت انتقال سرسام آور است. یعنی در ظرف ۱۳ میلی ثانیه.

وَلِسَانًا وَشَفَتَيْنِ (٩)

معنی: و یک زبان و دو لب؟

تفسیر: زبان و لبان انسان یکی دیگر از عجایبات خلقت است. اول زبان که از مفصل ساخته شده است و برای حمایه یک قشر با رنگ گلابی دارد و پنج عمل را انجام میدهد. مزه کردن، نفس کشیدن، بلع کردن، سخن گفتن و لیسیدن. لبان هم در صورت انسان و عملکرد های انسانی نقش بارز دارد. و شش تابع دارد: حالت چهره، در آوردن صدا، احساس، جویدن، جذب جسمی و صمیمیت.

وَهَدَيْنَاهُ ٱلنَّجْدَيْنِ (١٠)

معنی: و او را دو راه نشان دادیم.

تفسیر: دو راه حق و باطل است که خود انسان انتخاب میکند. این آیه آزادی را تضمین می کند که دین تحمیلی نیست و اما تو ای انسان عمیق شو و راه درست را انتخاب کن. راه حق که زندگی دنیوی و اخروی تو را تضمین میکند و یا باطل که تو به دست خود، خودت را به بیراهه میکشانی.

فَلَا ٱقْتَحَمَ ٱلْعَقَبَةَ (۱۱)

معنی: اما او تلاش به خرج نداد تا به گذرگاه دشوار [معراج سعادت] برسد.

تفسیر: دین اساساً برای آسانی انسان نازل شده است تا مردم به معراج سعادت برسد. در دین غلو، تعصب و تنگ نظری نیست. اما انسان ناسپاس کوشش نه می کند تا خودا را به بلندی برساند. در مسایل عمیق نمیشود. در راه دین باید سعی به خرج داد مثلیکه در دیگر کار ها ما شدید تلاش می کنیم. انسان خود مختار است که به اعلی علیین خودش را برساند و یا اسفل سافلین.

وَمَآ أَدْرَىٰكَ مَا ٱلْعَقَبَةُ (۱۲)

معنی: و تو چه درک می کنی که آن گذرگاه دشوار چیست؟

تفسیر: گذرگاه سخت و دشوار به خدا رسیدن است که باید انسان خودش را به خدمت خلق قرار دهد و مهمتر اینکه برای آزادی انسان و انسانیت تلاش کند. درین راه باید از سرمایه، وقت و همه انرژی انسانی کار گرفت. همچنان رسیدن به معراج سعادت است که همانا ایمان است.

فَكُّ رَقَبَةٍ (۱۳)

معنی: آزاد کردن برده است.

تفسیر: اسلام امد تا انسان از هرگونه بردگی نجات یابد. چه بردگی اقتصادی باشد و چه فکری باشد و چه بردگی به اساس ظلم باشد که همه را اسلام تقبیح می کند. اینجا یک اشارهٔ بزرگ است که انسان باید به آزادی فکر کند یعنی کرامت انسان اول در آزادی او و در قبال ایمان است.

أَوْ إِطْعَٰمٌ فِى يَوْمٍ ذِى مَسْغَبَةٍ (۱۴)

معنی: یا طعام دادن در روز گرسنگی.

تفسیر: یکی از مهمترین و اساسی ترین راه به خدا رسیدن دستگیری از فقرا و مساکین و طعام دادن ایشان است. ما باید برای زدودن فقر مبارزه کنیم و نگذاریم تا یک انسان به فقر زندگی کند و نان خوردن نداشته باشد. می تواند دیانت ما زیر سوال رود.

يَتِيمًا ذَا مَقْرَبَةٍ (۱۵)

معنی: يتمی از خویشاوندان را.

تفسیر: یکی دیگر از مسولیت های دیگر اجتماعی ما دست یتیم را گرفتن است و باید این کار اول از خانواده شروع شود. نه تنها خوراک و پوشاک شان بلکه امور درسی شان باید توجه خاص صورت گیرد.

أَوْ مِسْكِينًا ذَا مَتْرَبَةٍ (۱۶)

معنی: یا مستمندی بیخانه.

تفسیر: در این آیه «متربه» اساساً به خاک افتاده معنی میدهد اما مسکین است که خانه رهایش ندارد و در روی خاک نشسته است. ما باید در مورد مساكين و رهایش شان توجه خاص مبذول داریم.

ثُمَّ كَانَ مِنَ ٱلَّذِينَ ءَامَنُواْ وَتَوَاصَوْاْ بِٱلصَّبْرِ وَتَوَاصَوْاْ بِٱلْمَرْحَمَةِ (۱۷)

معنی: پس باید از کسانی باشد که ایمان آورده اند و همدیگر را به صبر و مهربانی توصیه کرده اند.

تفسیر: انسانهای با ایمان برای کار خیر همدیگر را رهنمایی میکنند. با همدیگر همکاری میکنند و همدیگر را در مصیبت به صبر دعوت میکنند و از دلسوزی و مهربانی کار میگیرند.

أُوْلَٰئِكَ أَصْحَٰبُ ٱلْمَيْمَنَةِ (۱۸)

معنی: آنها اهل سعادت اند.

تفسیر: یمین دست راست معنی میدهد. اصحاب یمین آنان هستند که سعادت شان درین است که نامه اعمال شان به دست راست شان داده می شود.

وَٱلَّذِينَ كَفَرُواْ بِـَٔايَٰتِنَا هُمْ أَصْحَٰبُ ٱلْمَشْئَمَةِ (۱۹)

معنی: و آنانیکه آیات ما را انکار کردند اهل شوم و شقاوتند.

تفسیر: واژه متضاد یمین، شقاوت و بدبختی و سیه روزی است. کسان که به تشبث خود آیات را رد میکنند اهل شقاوت هستند و شوم و بد بخت هستند که خود کمایی کرده اند.

عَلَیۡهِمۡ نَارٌ مُّؤۡصَدَةُۢ (۲۰)

معنی: بر آنها آتش سرپوشیده است.

تفسیر: برای گنهکاران آتش سرپوشیده یعنی راه گریز ندارد و نَفَس کشیده نمی توانند.

سُورَةُ الشّمس

مقدمه

سورهٔ مکی است و شامل پانزده آیه می باشد. سوره از جهان هستی سخن دارد و انسان را متوجه مسئولیت هایش می سازد و به آنانیکه آخرت را انکار میکند هشدار میدهد. همچنان سوره اشاره به تهذیب نفس و پاکی قلب از مفسدات دارد. در مورد فضیلت این سوره حضرت رسول کریم (ص) فرموده است که هر کسی این سوره را تلاوت کند گویی به تعداد تمام اشیایی که آفتاب و مهتاب بر آنها می تابد در راه خدا صدقه داده است. این سوره را امام غزالی مروارید عمل نام نهاده است. در کتب تعبیر خواب آمده است که اگر کسی خواب بیند که سورهٔ شمس میخواند از بلا ها به در امان می ماند.

بِسمِ اللهِ الرَّحمَنِ الرَّحِیمِ

وَالشَّمسِ وَضُحَاهَا (۱)

معنی: سوگند به آفتاب و روشنایی آن.

تفسیر: می توان گفت که یکی از مهم ترین مخلوقات خداوند آفتاب است. و خداوند به خاطر اهمیت و عظمت این مخلوق در نظام شمسی سوگند یاد می کند. فواید خورشید در جهان خلقت اثرات شگفت انگیز دارد که امروز ساینس به ما بازگو میکند. نور آفتاب برای پوست بدن به صورت معتدل آن ضروری است. همچنان ویتامین دی که از نور آفتاب میگیریم برای سلامتی استخوان ها، سلول های خونی و ایمنی بدن اهمیت حیاتی است. نور آفتاب در رشد مو ها کمک می کند. همچنان برای سلامتی قلب و شریان ها تاثیر بارز دارد. جهان هستی بدون آفتاب نه می تواند وجود داشته باشد. همچنان درمان افسردگی است و برای درمان فشارخون موثر است. همه زندگی جهان هستی به خاطر نور آفتاب است. یعنی نور آفتاب به جهان هستی و نمو و انکشاف آن حیات می بخشد.

وَالقَمَرِ إِذَا تَلَاهَا (۲)

معنی: و به ماه که به دنبال آن می برآید.

تفسیر: ماه هم نقش حیاتی در حیات زمین و جهان هستی دارد. یکی از مهمترین تاثیرات ماه روی زمین تنظیم و تثبیت زاویه انحراف محوری زمین می باشد. همچنان ماه در تنظیم حرکت وضعی زمین نقش بارز دارد.

این نیرو های کِشندی ماه است که یک شبانه روز را به بیست و چهار ساعت رسانده است. گردش ماه در مد و جزر کمک می کند که تنظیم دهنده دیگر حیات در زمین است. این مسایل علمی را قرآن مجید به صورت آیه گفته است و بر ماست که کشف کنیم که چرا خداوند به این مخلوقات خود سوگند یاد کرده است.

وَٱلنَّهَارِ إِذَا جَلَّٰهَا (۳)

معنی: و سوگند به روز که آنرا آشکار سازد.

تفسیر: با طلوع آفتاب روز میشود و نور برای حیات جهان هستی پخش میشود.

وَٱلَّیلِ إِذَا یَغْشَٰهَا (٤)

معنی: و سوگند به شب وقتی آنرا بپوشد.

تفسیر: زمین در حال چرخش به دور خودش است. زمین از محور به دور خودش می چرخد. حرکت زمین را به دور خودش حرکت وضعی گویند. هر وقت که زمین میچرخد روز به شب و شب به روز تبدیل می شود. این چرخش زمین و روز و شب شدن از موضوعات علمی خلقت و حکمت خداوند است.

وَٱلسَّمَآءِ وَمَا بَنَٰهَا (٥)

معنی: به فلک و اویکه آنرا بنا کرد.

تفسیر: یکی از عجایب خلقت کهکشان و نظام شمسی است که شگفت انگیز است. همه نظام بدون جزیی ترین اشتباه در گردش است و ایستادگی ندارد. و این از حکمت های پروردگار است.

وَٱلْأَرْضِ وَمَا طَحَٰهَا (٦)

معنی: به زمین و اویکه آنرا گسترش داد.

تفسیر: با اینکه میدانیم که زمین کروی است و اما از دید انسانی گسترش عجیب دارد و هموار دیده می شود در حالیکه هموار نیست. این هم از عجایب دیگر خلقت و حکمت خداوند است که به آن سوگند یاد می کند.

وَنَفْسٍ وَمَا سَوَّاٰهَا (۷)

معنی: و به نَفس انسان و اویکه آنرا [اعطا] کرد.

تفسیر: نَفس آدمی یکی از موضوعات بسیار شگفت انگیز انسانی است که به انسان داده شده و اداره آن به دست انسان است. «**سَوَّاٰهَا**»، اکثرا نظم بخشیدن، سر سامان دادن معنی شده است و اما این معنی تحت الفظی است و مفهوم را افاده نه می کند. یک معنی دیگر آنست که مساویانه به همه این پدیده نفس را داد. خداوند نفس رابه انسان اعطا کرد تا خودش منحیث یک انسان آزاد تصمیم گیرنده باشد و این ودیعه الهی برای زن و مرد داده شده است زیرا زن و مرد از نفس واحد خلق شده است.

فَأَلْهَمَهَا فُجُورَهَا وَتَقْوَاٰهَا (۸)

معنی: پس بدکاری و رستگاری را به او تفهیم کرد.

تفسیر: خداوند به انسان آموخت که چه بد است و او را به بیراهه میکشاند وچه خوب است و او را رستگار میسازد. مثلا خداوند به انسان گفت که دزدی نکنید و یا دروغ نگویید پس انسان با ایمان برای اینکه در گناه نشود دروغ نه می گوید. شنیده ایم که فلان شخص ایمان ندارد و اما راستکار است. این درست است و اما منشا اینکه او آموخته که دروغ نگوید و دروغ بد است از کجاست؟ دین الهی است که خوب و بد را در همه ادیان واضح ساخته است نه تنها اسلام.

قَدْ أَفْلَحَ مَن زَكَّاٰهَا (۹)

معنی: بدون شک آنکسیکه تزکیه [نفس] کرد رستگار شد.

تفسیر: وقتی انسان یک موجود است که اشتباه می کند، خطا می کند و گناه می کند و اما اویکه ایمان دارد از اشتباه خود می آموزد و تکرار نمی کند ؛از خطای خود از مردم معذرت میخواهد و از گناه خود توبه می کند.

وَقَدْ خَابَ مَن دَسَّاٰهَا (۱۰)

معنی: و زیانکار شد کسی که [نفس] خود را آلوده ساخت.

تفسیر: تضاد پاکیزگی، آلودگی است. خواه مخواه کسی که در کوشش پاکیزگی نیست از نعمت پروردگار محروم میشود و در زیان است و وای براویکه آلوده این دنیا را ترک کند.

كَذَّبَتْ ثَمُودُ بِطَغْوٰىهَا ﴿۱۱﴾

معنی: ثمود با سرکشی خود [پیامبر] را تکذیب کردند.

تفسیر: درین آیه تکرار از سرکشی قوم ثمود یاد آور میشود که از پیامبر شان حضرت صالح (ع) را بی اطاعتی کردند و شتر حضرت پیامبر را که مشهور به ناقه صالح بود کشتند و به عذاب الهی گرفتار شدند. شتر به درخواست مشرکان و اعجاز الهی از دل کوه بیرون آمد. به اساس روایات، خداوند با ناقه صالح قوم ثمود را آزمود و آب نهر یک روز برای این ناقه اختصاص داده شده بود. اما مشرکان ناقه را از بین بردند و نابود شدند.

إِذِ ٱنۢبَعَثَ أَشْقَىٰهَا ﴿۱۲﴾

معنی: آنگاه که شقی ترین شان به پا خاست.

تفسیر: در بین مشرکین قوم ثمود یک نفر به نام قذار بن سالف که مرد فوق العاده قسی القلب بود گماشته شد تا ناقه را از بین ببرد. همان بود که قوم ثمود دچار عذاب الهی شد.

فَقَالَ لَهُمْ رَسُولُ ٱللَّهِ نَاقَةَ ٱللَّهِ وَسُقْيَٰهَا ﴿۱۳﴾

معنی : پیامبر خدا به آنها گفت که ناقهٔ خدا را با آب خورش آزاد کنید.

تفسیر: گفتیم که آب نهر برای یک روز برای ناقه صالح اختصاص داده شده بود. برای مشرکان گفته شد که ناقه را با آب اختصاصی او آزاد کنید و بازهم بی اطاعتی کردند.

فَكَذَّبُوهُ فَعَقَرُوهَا فَدَمْدَمَ عَلَيْهِمْ رَبُّهُم بِذَنۢبِهِمْ فَسَوَّىٰهَا ﴿۱٤﴾

معنی: و اما اورا تکذیب کردند و ناقه را کشتند پس خداوند آنها را به جرم گناهان بگرفت و با خاک یکسان کرد.

تفسیر: قصص قرآن بسیار آموزنده است برای اینکه نشان دهنده حق از باطل است و کسانیکه سرکشی میکنند و یا آیات را رد می کنند و یا اعتقاد به خداوند ندارند جزای خود را می بینند. قصص قرآن به ما تاریخ اطاعت را می اموزاند. اطاعت موجودی که همه جهان هستی از آن اوست.

وَلَا يَخَافُ عُقْبَٰهَا ﴿۱۵﴾

معنی: و خداوند از عاقبت کار هراس نداشت.

تفسیر: خداوند برای مردم فرصت ها را میسر می سازد که اگر تفکر

کنند. به ایشان موقع میدهد که خود را اصلاح کنند. مثال های بی اطاعتی را میدهد و اما انسان سرکش هنوز هم سرکشی میکند و خداوند از جزای که میدهد هراس و ترس و بیم ندارد زیرا هر کسی که سر پیچی کند به جزای اعمالش میرسد و جای تعجت نیست. توجه کنید که اگر شما یک کار داشته باشید و به کار تان خیانت کنید جزا داده نه می شوید؟ یا ملکیت داشته باشید و ملکیت شما را تصاحب کنند برای حق و حقوق تان مبارزه نه می کنید؟

سُورَةُ الليْل

مقدمه

سورهٔ مکـی اسـت و دارای یسـت و یـک آیـه اسـت. نـام سـوره از آیـهٔ اول گرفتـه شـده اسـت. به اسـتاد علامـه یوسـف علـی ایـن سـوره نزدیکـی دارد به سـوره هـای «مطففیـن» و «ضحـی». دریـن سـوره هـا به تضـاد شـب و روز اشاره شـده اسـت تـا انسـان هـا در معنویـات خجسـته تاریکـی و روشنایـی را تشخیص کننـد و به راه حـق رونـد.ایـن سـوره مـا را به خـدا پرسـتی تشـویق میکنـد که پشـیمانی نـدارد. همچنـان ایـن سـوره مـردم را به دو گـروه تقسـیم مـی کنـد. اهـل تقـوی و اهـل انکار کـه سرنوشـت هـر دو بیان شـده اسـت. در فضیلت ایـن سـوره حضـرت رسـول کریـم (ص) فرمـوده اسـت کـه «هـر کسـی کـه ایـن سـوره را تـلاوت کنـد خداونـد آنقـدر به او مـی بخشـد کـه راضـی شـود و او را از بدبختـی هـا نجـات میدهـد. مسـیر زندگـی را بـرای او آسـان مـی سـازد.» امـام غزالـی ایـن شـوره را مرواریـد عمـل نـام نهـاده اسـت. کسـی کـه در خـواب بینـد سـورهٔ لیـل را میخوانـد خداونـد به او توفیـق میدهـد.

بِسْمِ اللّٰهِ الرَّحْمَٰنِ الرَّحِيمِ

وَٱلَّيْلِ إِذَا يَغْشَىٰ (۱)

معنی: سوگند به شب که چون می پوشاند.

تفسیر: شـب نـه تنهـا جهـان هسـتی را همان قسـمت کـه آفتـاب نـه می درخشـد بـرای اسـتراحت آمـاده مـی کنـد کـه ایـن اسـتراحت و پوشـش بـرای نظـام از نـگاه ایکولـوژی فـوق العـاده موثـر اسـت. انسـان هـم به اسـتراحت نیازمنـد اسـت تـا انرژی لازم را بـرای روز کار اخـذ نمایـد. همچنـان تاریکـی مـی توانـد اساس یـک زندگـی نـا سـالم باشـد و امـا انسـان هـا توجـه نـه میکننـد کـه خداونـد شـب باشـد یـا روز باشـد ناظـر اعمـال آنهاسـت. در تاریکـی مـردم فکر میکننـد کسـی ایشـان را نـه مـی بینـد و دزدی مـی کننـد در حالیکـه از خداونـد پوشـیده نیسـت. بعضـی صفـت هـای دیگـر انسـانی اسـت ماننـد بخیـل بـودن، حسـادت، هـم چشـمی، غیبـت و سـخن چینـی، دروغ و یـا هـر چـه کـه به مقام بـا کرامت انسـانی در تضـاد اسـت تاریکـی شـمرده مـی شـود.

وَٱلنَّهَارِ إِذَا تَجَلَّىٰ (۲)

معنی: و قسم به روز که هویدا سازد.

تفسیر: شب کـه بـرای استراحت و امـا روز بـرای کارو اعاشـه است و همچنان بـا روز مسایل کـه در شب اتفـاق افتیـده آشکار می شـود. از نظر خداونـد هیـچ چیز شب باشـد یا روز باشـد پوشیـده نیست. روز یـک شـروع امیـد هاست. بعـد از هـر تاریکی یـک روشنایی است. ایـن مسلـه بـه انسان امیـد میدهد کـه در امـور نـا امیـد نشـوند. هـر روز بـرای یـک انسان روز جدیـد است و بایـد بـا برنامـه هـای کـاری و مفیـد و مثمـر بـه زنـدگی در قبـال عبادت خداونـد ادامـه داد.

وَمَا خَلَقَ ٱلذَّكَرَ وَٱلْأُنثَىٰ (٣)

معنی : و بـه آنکه نـر و مـاده را خلق کرد.

تفسیـر: هـدف آیـه تنهـا انسـان و حیوانـات نیسـت. همـه جهان هستی بـا جوره هـای نـر و مـاده آفریـده شـده است بـه شمول نباتات بـه جزء بعضی نباتـات کـه در آب أست کـه مـی توانـد بـدون مـاده تکثیـر کنـد ماننـد الجی هـا. در مـورد انسان ایـن آیـه میرسانـد کـه در خلقـت زن و مـرد تبعیض نیسـت و هـر دو بـرای تکامـل همدیگـر خلـق شـده انـد. هیـچ مـردی بـدون یـک زن و هیـچ زنـی بـدون یـک مـرد نـه مـی توانـد در تکثیـر انسـانی سهم گیـرد و چون نقـش مسـاوی در خلقـت بـازی مـی کننـد در خانـواده حقوق مسـاوی دارنـد.

إِنَّ سَعْيَكُمْ لَشَتَّىٰ (٤)

معنی: سعی و کوشش شما متفاوت است.

تفسیـر: انسـان هـا متفـاوت خلـق شـده انـد و امـا خداونـد بـه انسـان عقـل، استعداد، شعور، ذکاوت، و فطـرت اسلامی داده است زیـرا انسان بـا فطرت اسلام خلـق شـده است. حالا ایـن بـه کوشـش خود مـا مربـوط است کـه در راه یافتـن حقیقت، آموختـن علـم و دانـش و دیگـر امور چقـدر کوشش مـی کنیـم.و خـود را مـی رسـانیم .

فَأَمَّا مَنْ أَعْطَىٰ وَٱتَّقَىٰ (٥)

معنی: و آنکه بخشید و رستگاری پیشه کرد.

تفسیـر: مـا وقتی رستگار یـا بـا تقوی مـی شـویم کـه در راه خیـر و فلاح مردم خدمـت کنیـم. یعنی رستگاری بستگی دارد بـه اینکه مـا چطـور و چگونه بـه مـردم مـی رسیم. دسـت فقیـر را مـی گیریـم. دسـت یتیـم را مـی گیریـم. مردم را باسـواد مـی سازیم. در عدل و راستی خدمت مـی کنیـم و هـر کار نیـک کـه مـی توانیـم بایـد کوشش کنیـم.

وَصَدَّقَ بِٱلْحُسْنَىٰ (٦)

معنی: و با صداقت ایمان داشته باشد.

تفسیر: در همه امور ما اول باید نیت نیک داشته باشیم. در امور مردم وقتی معامله می کنیم باید با صداقت باشیم و با ایمان و اعتقاد کامل به خداوند خدمت کنیم. اگر نیت ما پاک نه می باشد و یا اعتقاد کامل نداریم خدمت ما بیهوده خواهد بود. یعنی خدمت به مردم باید با اعتقاد به خداوند باشد نه غیر آن.

فَسَنُيَسِّرُهُ لِلْيُسْرَىٰ (٧)

معنی: ما به یقین راه را برای او آسان می سازیم.

تفسیر: وقتی نیت ما برای خدمت مردم در راه خدا باشد. توقعات بیجا از مردم نداشته باشیم. در کار خود صادق باشیم خداوند راه را برای کار های ما آسان می سازد و مشکلات را برطرف می سازد. اصلا متوجه نه می شویم که چگونه کار های ما عملی شد و صورت گرفت.

وَأَمَّا مَنْ بَخِلَ وَٱسْتَغْنَىٰ (٨)

معنی: و اویکه بَخیلی کرد و تصور کرد و خود را [از دین] بی نیاز دانست.

تفسیر: مردمان که از عقل کار نمیگیرند و مخصوصاً سرمایه دارند، فکر میکنند که به خدا نیاز ندارند. این بخیلی در مقابل خدا باعث سرنگونی شان هم درین دنیا می شود و هم در آن دنیا. به مشکلات گوناگون دچار می شوند و اما حس نه می کنند که این شرایط که برای شان به بار آمده از بی دینی است و از انکار خداوند در زندگی است. بی دینی یک افتخار نیست. یک مصیبت است.

وَكَذَّبَ بِٱلْحُسْنَىٰ (٩)

معنی: و سخن حق را انکار کرد.

تفسیر: کسانیکه سخن حق را نه می شنوند و انکار میکنند نباید توقع رحمت خداوند را داشته باشند.

فَسَنُيَسِّرُهُ لِلْعُسْرَىٰ (۱٠)

معنی: پس راه دشوار را فراهم می کنیم.

تفسیر: آنانیکه خدا را انکار میکنند خوب در جوش و خروش هستند تا

که به مصیبت می رسند. این مصیبت و دشواری را درک نه می کند که چه سرکشی های کرده و این همه مصیبت به خاطر انکار آیات خداوند است که تجربه می کند.

وَمَا يُغْنِي عَنْهُ مَالُهُ إِذَا تَرَدَّىٰ (۱۱)

معنی: و آنگاه که به سقوط مواجه می شود مال و ثروتش او را نجات داده نه می تواند.

تفسیر: واقعاً جالب است که مردم بی ایمان بلا های که سر شان می آید از بی دینی و بی اعتقادی خود معترف نیستند که این همه مصیبت وارده به خاطر سرکشی از خداوند بوده است. طور مثال به امتحانات زندگی های روبرو میشود و هنوز هم فکر میکند که این مربوط به بی خدایی نیست. فکر میکند اگر پول مصرف کند وضع درست می شود و اما می بیند که سرمایه و ثروت هم به درد اش نمیخورد.

إِنَّ عَلَيْنَا لَلْهُدَىٰ (۱۲)

معنی: بدون شک هدایت از جانب ماست.

تفسیر: درین آیه نکات مهم نهفته است. اول هدایت از طرف خداوند است نه کسی دیگر و آنهم مربوط است به تشبث شخص که خودش میخواهد هدایت شود یا خیر. انسانها آزاد خلق شده اند و خود در امور خود تصمیم گیرنده هستند. نکتۀ دوم واضح می سازد که دین تحمیل نمیشود و انسان قسمیکه گفتیم خود تصمیم گیرنده است. سوم وظیفه پیامبر تنها رساندن پیام است، هدایت کننده نیست.

وَإِنَّ لَنَا لَلْآخِرَةَ وَالْأُولَىٰ (۱۳)

معنی: و آخرت و دنیا هم متعلق به ماست.

تفسیر: همه جهان هستی ملکیت خداوند است و همچنان مالک روز جزاست. و این دنیا نزد ما یک امانت است نه اینکه متعلق به ما باشد چنانچه قدرت های بزرگ از طریق امور فضایی آرزو دارند جهان را تصاحب کنند.

فَأَنذَرْتُكُمْ نَارًا تَلَظَّىٰ (۱٤)

معنی: پس شما را از آتش شعله ور بیم دادم.

تفسیر: خداوند عادل است و نمیخواهد که انسان به خاطر نادانی به رنج

و عـذاب گرفتـار شـود. امـا انسـان از عقـل و شـعور بایـد کـار گیـرد. خداونـد هشـدار میدهـد کـه از حـدود خـود پیشـروی نکنیـد. حـق را بشناسـید و از باطـل پرهیـز کنیـد. از آتـش شـعله مـردم را بیـم میدهـد کـه بیـدار شـوند و تصمیـم قاطـع بـرای خـود اتخـاذ کننـد.

لَا يَصْلَلٰهَآ إِلَّا ٱلْأَشْقَى (١٥)

معنی: کـه بـه جـزء مـردم بدبخت کسـی دیگـر داخل آن نشـود.

تفسـیر: مـردم تیـره بخـت از دیـد قـرآن آنـان هسـتند کـه سـخن حـق را رد میکننـد و اینهـا هسـتند کـه سـیه روزی خـود را، خـود مـی سـازند نـه اینکـه خـدا خواسـته باشـد. آنانیکـه سـخن حـق را رد میکننـد داخـل جهنـم مـی شـوند نـه دیگـران. بـه عبـارت دیگـر ایـن خـود مـردم اسـت کـه خوشـبختی و بدبختـی خـود را رقـم مـی زنـد بـا تصمیـم درسـت و صادقانـه.

ٱلَّذِى كَذَّبَ وَتَوَلَّىٰ (١٦)

معنی: همان کـه [آیـات] را تکذیـب کـرد و روی گشـتاند.

تفسـیر: آنانیکـه سـخن حـق را نـه مـی شـنوند و آیـات خـدا را تکذیـب میکننـد پیامبـران را توهیـن میکننـد و دروغگـو خطـاب مـی کننـد کـه امـروز شـما در تلویزیـون هـا شـاهد هسـتید و در همیـن کوشـش هسـتند کـه مـردم را از راه حـق بیـرون کننـد اینهـا هسـتند کـه دریـن دنیـا و آخـرت عـذاب مـی بیننـد و بایـد گلـه نداشـته باشـند.

وَسَيُجَنَّبُهَا ٱلْأَتْقَى (١٧)

معنی: و بـه زودی مـردم پرهیزگار از آن دور سـاخته شـوند.

تفسـیر: مـژده میدهـد بـه پرهیـزگاران کـه اینهـا از آتـش شـعله ور جهنـم بـه دور مـی باشـند و در عـذاب نخواهنـد بـود. دنیـا، دنیـای مجـازات و مکافـات اسـت. حـق پرسـتان پـاداش نیـک دارنـد و گنهـکاران عـذاب مـی بیننـد و ایـن اسـت عدالـت خداونـدی.

ٱلَّذِى يُؤْتِى مَالَهُ يَتَزَكَّىٰ (١٨)

معنی: همان کـه مـال خـود را[در راه خدا] میدهد تا پاک شـود.

تفسـیر: زکات از تزکیـه آمـده اسـت. وقتـی مـا زکات میدهیـم نـه تنهـا فقـرا و مسـاکین را کمـک مـی کنیـم و بـا فقـر مبـارزه مـی کنیـم در عیـن زمـان همـه چیـزی را کـه اسـتفاده مـی کنیـم بـرای اسـتفاده مـا پـاک میشـود. اساسـاً خداونـد

به صدقه و زکات ما نیازمند نیست. وقتی ما می گوییم در راه خدا یعنی مردم. هر قدر به مردم برسیم به خدا می رسیم.

وَمَا لِأَحَدٍ عِندَهُ ٔ مِن نِّعْمَةٍ تُجْزَىٰ (۱۹)

معنی: در [ذهن] احدی نباید توقع نعمت باشد که او را عوض آن دهد.

تفسیر: ما هر کاری که می کنیم باید خاص برای خدا باشد و نباید توقع پاداش داشته باشیم اگر نیت ما برای خدمت به خلق خدا نباشد زحمات و صدقات ما همه بی سود است. وقتی ما پاداش میگیریم که خدمات ما خالصانه باشد و خاص برای مردم بدون توقع باشد.

إِلَّا ٱبْتِغَآءَ وَجْهِ رَبِّهِ ٱلْأَعْلَىٰ (۲۰)

معنی: جز طلب رضای خداوند والا مقام.

تفسیر: گفتیم که همه خدمات ما، صدقات ما، وخدمات اجتماعی ما باید در راه حق وبرای مردم بدون توقع و ریا باشد در غیر آن هیچ کاری نکردیم .

وَلَسَوْفَ يَرْضَىٰ (۲۱)

معنی: و به زودی از [پاداش] الهی خشنود میگردد.

تفسیر: کسانیکه تنها برای خدا و مردم کار میکنند درینصورت است که از نعمت های پروردگار و پاداش او مستفید می شوند.

سُورَةُ الضُّحىٰ

مقدمه

سورهٔ مکی است دارای یازده آیه می باشد. ضحی به معنی روشنایی روز معنی میدهد. به صورت معنوی آیه حکایت گر تضاد شب و روز است که در عقب هر تاریکی زندگی انسانی یک روز است. ایمان به خالق دانا و توانا انسان را از تاریکی کشیده و به روشنایی می رساند. از نگاه تاریخی این سوره ارتباط میگیرد به زندگی پیامبر (ص) که برای یک مدت وحی قطع شده بود و باز جاری میشود و به پیامبر روز های روشن را بشارت میدهد. برای مردم اُمی امید میدهد که شما از رحمت خداوند نا امید نشوید. سوره به ما دستور می دهد که یتیمان و مستمندان را فراموش نکنیم. فضیلت سوره درین است که حضرت رسول کریم فرمود کسانی که این سوره را تلاوت میکند خداوند از او راضی می شود و شایسته است که محمد (ص) برای او شفاعت کند و به هر یتیم و سوال کننده ده حسنه برای او خواهد بود. امام غزالی این سوره را مروارید عمل نام نهاده است. کسی که در خواب بیند که این سوره را میخواند به مردم نیکی و احسان میکند.

بِسمِ اللهِ الرَّحمَنِ الرَّحِیمِ

وَالضُّحَىٰ (۱)

معنی: سوگند به روشنایی روز.

تفسیر: وقتی روز می شود کار و فعالیت آغاز می یابد. این کار و فعالیت باید در راستای خدا پرستی باشد تا روشنایی واقعی عاید حال ما شود. کار، خود عبادت است. همانطوریکه در عقب هر تاریکی روشنایی است ؛ کار و فعالیت برای انسان روشنایی زندگی می آورد. این روشنایی که برای ما اعطا شده است باید توام به خدمت مردم مخصوصاً مستمندان و یتیمان باشد و این سوره به همین موضوع تاکید دارد.

وَاللَّیلِ إذَا سَجَىٰ (۲)

معنی: و به شب که آرام گیرد.

تفسیر: شب زمان استراحت همه جهان هستی است. همه آرام می شوند و از کار و فعالیت دست می کشند. قانون طبیعت اساساً همین است. آرامش شب به انسان انرژی لازم میدهد تا برای روز آماده شود. شب در نموی

نباتات تاثیر بارز دارد. شب باعث می شود که «فایتوکروم» تولید شود که در نموی نباتات نقش دارد.

مَا وَدَّعَكَ رَبُّكَ وَمَا قَلَىٰ (۳)

معنی: و پروردگارت نه تو را ترک کرده و نه خشمگین است.

تفسیر: در مقدمه گفتیم که وحی برای مدتی قطع شده بود. حضرت رسول کریم (ص) متاثر بود و این سوره نازل شد که نه او را خداوند ترک کرده و نه بالای او خشمگین است. باید بدانیم که آیات نظر به صوابدید جامعه نازل می شد. این آیه به ما می گوید که در امور انسانی هم، ما باید با حوصله باشیم و خداوند می داند که کارما چه وقت و به کدام صورت انجام گیرد. اما ما باید کار خود را خوب انجام دهیم و توکل کنیم. و هرگز امید خود را از خداوند قطع نکنیم.

وَلَلْأَخِرَةُ خَيْرٌ لَّكَ مِنَ ٱلْأُولَىٰ (٤)

معنی: و مسلماً آخرت برای تو از دنیا بهتر است.

تفسیر: اساساً زندگی دنیا، آخرت ما را می سازد. درین دنیا ما باید با ایمان زندگی کنیم. کار صادقانه کنیم به مردم کمک کنیم تا آینده که آخرت است تضمین کرده باشیم. این آیه به پیامبر (ص) و مردم بشارت میدهد که آخرت برایشان بهتر است. پیامبررسالت بزرگ داشت و رسالت او رساندن پیام الهی به مردم بود و این امانت بزرگ او بود. با پایان رساندن رسالت بزرگ تاریخی برایش مژده میدهد که آخرت برایش بهتر است. حالا، برای مردم امی هم، این زندگی یک امانت است و ما باید در راستای خدا پرستی امانت زندگی را که خدا پرستی است و خدمت به مردم است به وجه احسن به پایان برسانیم و آخرت خود را که برای ما بهتر است تضمین کنیم.

وَلَسَوْفَ يُعْطِيكَ رَبُّكَ فَتَرْضَىٰ (٥)

معنی: و به زودی آنقدر [برایت اعطا کند] که خشنود شوی.

تفسیر: بزرگترین عنایت پروردگار به رسول اکرم (ص) قرآن مجید بود که جهان را روشن ساخت. به پیامبر (ص) علم آموخت و او را پیشوا ساخت.توحید را به جهان بشریت معرفی کرد. او را بر دشمنان غالب ساخت. و شفاعت پیامبر (ص) در مورد بندگان پذیرفته میشود و این یک عنایت بزرگ است.

أَلَمْ يَجِدْكَ يَتِيمًا فَآوَىٰ (٦)

معنی: مگر تو را یتیم نیافت و پناه داد.

تفسیر: پـدر حضـرت محمـد (ص) عبـدالله نـام داشـت و قبـل از تولـد پیامبـر (ص) فـوت کـرده بـود. و پیامبـر خـود یتیـم بـود. امـا اشـخاص مهربـان در اطـراف او بودنـد کـه پیامبـر (ص) را پـرورش دادنـد و از او حمایـه کردنـد. ماننـد پـدر بـزرگ آنحضـرت عبدالمطلب و بعداً عمـوی آنحضـرت ابـو طالـب سرپرسـتی پیامبـر (ص) را بـه عهـده گرفتنـد. وظیفـۀ ایمانـی و اخلاقـی مسـلمانان اسـت تـا از یتیـم بـه وجـه احسـن سرپرسـتی کننـد.

وَوَجَدَكَ ضَالًّا فَهَدَىٰ (٧)

معنی: و تو را سراسیمه یافت و رهنمود کرد.

تفسیر: حضـرت محمـد (ص) همیشـه در مـورد اوضـاع و شـرایط محیـط آن زمـان تشـویش داشـت. سراسـیمه بـود کـه چـه مـی شـود. بـه تفکـر مـی پرداخـت تـا راه حـق را پیـدا کنـد و همـان بـود کـه خداونـد او را رهنمایـی کـرد و راه حـق را برایـش نشـان داد. ایـن آیـه بـه مـا مـی رسـاند کـه بـدون تفکـر و تعمـق انسـان بـه منـزل مقصـود نـه مـی رسـد و بایـد در راه خداشناسـی بسـیار تـلاش بایـد بـه خـرج داد.

وَوَجَدَكَ عَاۤئِلًا فَأَغْنَىٰ (٨)

معنی: و محتاج یافت و بی نیاز ساخت.

تفسیر: اساساً ایـن محتاجـی معنـوی بـود کـه بایـد انسـان بـی نیـاز شـود. در رابطـه بـه آیـۀ قبلـی نیازمنـدی حضـرت رسـول کریـم (ص) یافتـن حقیقـت بـود کـه حقیقـت جهـان هسـتی را درک کنـد و بـا روشنایی قـرآن او را بـی نیـاز سـاخت. انسـان طبیعتـاً همیشـه در جسـتجوی حقیقـت اسـت و بزرگتریـن کمبـودی همانـا کمبـودی معنـوی و شـناخت خداونـد باشـد.

فَأَمَّا الْيَتِيمَ فَلَا تَقْهَرْ (٩)

معنی: پس یتیم را خوار نشمار.

تفسیر: شـخص حضـرت رسـول کریـم (ص) یتیـم بـود. خداونـد او را کمـک کـرد تـا آبرومندانـه بـزرگ شـود و او ار محتـاج نکـرد. قـرآن را بـه او آمـوخت و او را از سراسـیمگی فکـری نجـات داد. اینجاسـت کـه خداونـد برایـش مـی گویـد کـه همچنـان کـه شـرایط خـوب را برایـش مسـاعد سـاخت او هـم بایـد

دست یتیـم را بگیـرد. پـس بـرای مسـلمانان رسیدگـی بـه یتیـم و سرپرستـی شان به شکـل مـوزون از وظایـف عمـده ای اجتماعـی اسـت.

وَأَمَّا ٱلسَّآئِلَ فَلَا تَنْهَرْ (۱۰)

معنی: و با طلب کننده خشونت مکن.

تفسیـر: در تفاسـیر متعـدد واژه ٱلسَّآئِلَ یا معنـی نشـده اسـت و یا معنـی درسـت نشـده. اسـت. دریـن جا خداونـد بـه پیامبـر (ص) مـی گویـد کـه بـا آنانیکـه از تـو طلـب میکننـد، درخواسـت میکننـد و یا گدایـی میکننـد خشمگین نشـو. در آن زمـان مـردم فقیـر بودنـد و تصـور میکردنـد کـه پیامبـر (ص) ثروتمنـد اسـت کـه پیامبـر شـده اسـت. نـه تنهـا سـوالات میداشـتند درعیـن زمان آنهایکـه بـی بضاعـت بودنـد درخواسـت کمـک میکردنـد. خداونـد بـه پیامبـر مـی گویـد کـه بـا ایـن طبقـه خشـونت نکنـد. معنی سـوال کننده هـم در آیـه درسـت نیسـت.

وَأَمَّا بِنِعْمَةِ رَبِّكَ فَحَدِّثْ (۱۱)

معنی: و نعمت های پروردگارت را بیان کن.

تفسیـر: مـی بینیـم کـه معنـی طلـب کننده در آیـهٔ قبلـی شایسـته تـر و درسـت اسـت زیـرا بـه طلـب کننـده از نعمـت هـای پروردگار مژده بده. یعنـی کـه بـه جـای خشـونت از نعمـت هـای پروردگار بـرای شـان بازگو کـن. نعمـت هـای پروردگار گوناگـون اسـت و امـا یکـی از نعمـت هـای پـروردگار کار کـردن اسـت کـه بـه طلـب کننـده بازگـو شـود. شـکر گـزاری بـرای بـدن سـالم اسـت کـه مـی توانـد کار کنـد.

سُورَةُ الشَّرح

مقدمه

سورهٔ مکی است و دارای هشت آیه می باشد. این سوره به نام های الانشراح (تفسیر کابلی)، الم نشرح (تفسیر نمونه) و الشرح (تفسیر یوسف علی) نامگذاری شده است که همه یکی است. معنی این سوره گشاده شدن دل است. گفته می شود که این سوره به تعقیب سورهٔ ضحی می باشد. سوره به مومن در ایام مشکلات امید می بخشد. علما در مورد اینکه سورهٔ ضحی والشرح یکجا در نماز خوانده شود اختلاف نظر دارند. بعضی معتقد هستند که محتوی هر دو سوره یکی است و بعضی گفته اند که یکی نیست. در مورد فضیلت سوره حضرت رسول کریم فرموده است کسی که این سوره را تلاوت کند پاداش کسی را دارد که محمد (ص) را غمگین دیده و اندوه را از قلب او زدوده است. اگر کسی در خواب بیند که انشراح میخواند مشکلات بر او آسان می شود.

بِسْمِ ٱللهِ ٱلرَّحْمَٰنِ ٱلرَّحِيمِ

أَلَمْ نَشْرَحْ لَكَ صَدْرَكَ (۱)

معنی: آیا ما دلِ تو را گشاده نکردیم؟

تفسیر: اکثراً واژه صدرک سینه معنی شده است. و معنی تحت الفظ کلمه همین سینه است اما سینه نه می تواند گشاده شود زیرا جسم است. هدف درین جا دل است که گشاده شده است. خداوند دل پیامبر را در مقابل مشکلات، بردباری و توسعه و انکشاف فکر پیامبر (ص) با نور الهی وسعت داد تا خوبتر به تبلیغ رسالت بپردازد.

وَوَضَعْنَا عَنكَ وِزْرَكَ (۲)

معنی: و بار سنگین را از تو بر نداشتیم؟

تفسیر: این بار گران یا سنگین چه بود؟ مجادله با کفر بود که همه جا مملو از کفر و شرک و نابسامانی بود. آهسته آهسته راه را برایش هموار ساخت تا رسالت خود را به پیش برد.

ٱلَّذِىٓ أَنقَضَ ظَهْرَكَ (۳)

معنی: همان باری که بر پشت تو سنگینی میکرد.

تفسیر: بلی این بار راه مبارزه در راه حق و تبلیغ خدا پرستی بود که

مشرکان و کفار همیشه سنگ اندازی میکردند. این مبارزه توسط امت راستین و پیروان آنحضرت (ص) دوام دارد زیرا دهریان، کفار، ملحدین آرام نمی نیشینند و اسلام ستیزی دوام دارد.

وَرَفَعْنَا لَكَ ذِكْرَكَ (٤)

معنی: و آوازه ات را بلند کردیم.

تفسیر: نام پیامبر (ص) به حد بلند شد که هر روز نام او در کنار نام خداوند در آذان گفته می شود. سر و صدای محمد (ص) جهانی شد و پیام اش جاودانی.

فَإِنَّ مَعَ ٱلْعُسْرِ يُسْرًا (٥)

معنی: پس بی تردید با هر دشواری آسانی است.

تفسیر: برای هر کار باید زحمت را متقبل شد. وقتی انسان به کار می کند و در آن راه زحمت می کشد نتیجهٔ کار خود را می بیند و به آسانی می انجامد. رسالت محمد (ص) در شروع بسیار دشوار بود اما ارادهٔ محکم و تعهد در رسالت و حمایهٔ خداوند همه امور آسان گردید و مکه از شرک و کفر پاک شد.

إِنَّ مَعَ ٱلْعُسْرِ يُسْرًا (٦)

معنی: مسلماً با هر دشواری آسانی است.

تفسیر: مطلب را تکرار می کند که خوب در ذهن ما جا گیرد که در راه که گام بر می داریم نا امید نشویم و دشواری ها را قبول کنیم و در راه تبلیغ دین حتی توهین و تهمت و طعنه زدن ها را قبول کنیم و اما بلاخره ما برنده خواهیم بود.

فَإِذَا فَرَغْتَ فَٱنصَبْ (٧)

معنی: پس چون [از امور محوله] فارغ شدی به عبادت بکوش.

تفسیر: ما باید دقیق درک کنیم و بدانیم که خداوند در زندگی ما نقش دارد. عبادت نه تنها ما را آرام می کند در عین زمان از حمایت خداوند برخوردار می باشیم. کار های ما وقتی آسان می شود که عمل و عبادت یکجا باشد.

وَإِلَىٰ رَبِّكَ فَٱرْغَب (۸)

معنی: و به سوی پروردگارت روی آور.

تفسیر: ما مخلوق هستیم و هدف ما از خلقت ما عبادت خداوند است و از همه اعمال خود جواب گفتنی هستیم. و به خداوند بر میگردیم. پس زندگی ما از آن اوست و باید همیشه خداوند را به یاد داشته باشیم و از او در امور یاری بخواهیم.

سُورَةُ التِّين

مقدمه

سورهٔ مکی است و دارای هشت آیه می باشد. نام سوره از آیهٔ اول گرفته شده است یعنی تین که انجیر معنی میدهد. خداوند خالق همه جهان هستی به شمول انسان است. این سوره می رساند که انسان را به بهترین صورت آفریده است و برایش فرصت داده شده است که از طریق ایمان به بلند ترین درجه برسد و اما انسان به خاطر ناسپاسی خودش را خوار و ذلیل می سازد. در مورد فضیلت این سوره حضرت رسول کریم (ص) فرموده است که هر کس این سوره را بخواند خداوند دو نعمت به او می بخشد: سلامتی و یقین؛ و هنگامی که از دنیا برود به تعداد تمام کسانی که این سوره را خوانده اند ثواب یک روز روزه به عنوان پاداش به او می بخشد. اگر کسی در خواب بیند که سورهٔ تین میخواند تعبیر آن این است که خوش نهاد و درست کردار است و مال و نعمت فراوان پیدا می کند.

بِسمِ ٱللهِ ٱلرَّحمَنِ ٱلرَّحِیمِ

وَٱلتِّینِ وَٱلزَّیتُون (۱)

معنی: سوگند به انجیر و زیتون.

تفسیر: سخنان گوناگون در مورد تفسیر این آیه است مانند دو کوه که در آن انجیر و زیتون می روید.خداوند خالق طبیعت و انسان است. به میوه های فوق العاده با ارزش سوگند یاد می کند که کسی آنرا خلق کرده نه می تواند. این میوه ها مانند انجیر و زیتون میوه های بهشتی یاد می شود و فواید زیاد دارد. انجیر از قند ها مخصوصاً فروکتوز بسیار غنی است و این باعث میشود که به بدن انرژی زیاد دهد. زیتون از نگاه روغن بسیار غنی است و دارای ویتامین های اساسی می باشد. خاصیت انتی اوکسیدنت دارد و مانع عوارض قلبی می شود و در قوه دید را تقویه میکند. زیتون برای رفع درد های عضلاتی، عوارض کلیه ها و سنگهای صفراوی بسار مفید است.حضرت رسول کریم (ص) فرموده است که روغن زیتون را بخورید و بدن را با آن چرب کنید که از درخت مبارکی است.

وَطُورِ سِینِینَ (۲)

معنی: و کوه سینا.

تفسیر: هدف از کوهی است که تورات به حضرت موسی (ع) نازل شد.

مفسرین گویند که سینین و سینا هر دو یکی است و معنی آن پر برکت است. دلیل پر برکت بودن آن این است که درختان زیتون در آنجا زیاد می روید که مشهور است به نام شجره مبارکه.

وَهَٰذَا ٱلْبَلَدِ ٱلْأَمِينِ (٣)

معنی: و سوگند به این شهر امن (مکه).

تفسیر: مکهٔ معظمه از ایام قدیم، چون زیارتگاه بوده است مرکز امن بود. در دوران جاهلیه هم مردم به این شهر به خاطر مقام بزرگ ان حرمت داشتند و قتل و قتال نمیکردند. اما تندگرایان اسلامی در سال ١٩٧٩ بدون رعایت و حرمت به حرم شریف حمله کردند و این اشغال از بیستم نوامبر تا چهارم دسامبر دوام پیدا کرد.

لَقَدْ خَلَقْنَا ٱلْإِنسَٰنَ فِى أَحْسَنِ تَقْوِيمٍ (٤)

معنی: و براستی که ما انسان را به بهترین شکل و صورت آفریدیم.

تفسیر: انسان از دید قرآن مجید، زن و مرد، به بهترین شکل و صورت از نگاه توازن جسمی، عقلی و روحی خلق شده است. به خاطر عقل آدمی انسان اشرف مخلوقات است. و از نگاه جسمی موزون آفریده شده است. به انسان این فرصت داده شده تا به اعلی علیین برسد و به معراج کمال رسد مشروط بر اینکه با ایمان باشد. زیرا در مقام آدمی از دیدگاه قرآن اول ایمان آدمی به خالق که او را با بهترین صورت آفریده است مطرح است نه دانش اکتسابی انسان که آنرا هم به اِذن پروردگار آموخته است.

ثُمَّ رَدَدْنَٰهُ أَسْفَلَ سَٰفِلِينَ (٥)

معنی: سپس او را [به سبب کفرش] به پایین ترین مرحله رسانیدیم.

تفسیر: بلی! انسان به خاطر کفرش به اسفل سافلین به تشبث خودش خود را می رساند. از دید قرآن مجید تنها ایمان به خداوند است که انسان را نجات میدهد و بس.

إِلَّا ٱلَّذِينَ ءَامَنُوا۟ وَعَمِلُوا۟ ٱلصَّٰلِحَٰتِ فَلَهُمْ أَجْرٌ غَيْرُ مَمْنُونٍ (٦)

معنی: مگر کسانیکه ایمان آورده اند و اعمال نیکو انجام دادند که برای آنها پاداش بی پایان است.

تفسیر: درین جا تنها مسلمان که ما هستیم مطرح نیست. هر کسی که به خدا ایمان داشته باشد و عمل نیکو انجام دهد مورد رحمت خداوند قرار

میگیـرد. مهـم ایـن اسـت کـه عمـل نیکـو وقتـی پـاداش داده مـی شـود کـه مـا ایمـان داشـته باشـیم یعنـی وقتـی مـورد پـاداش قـرار میگیریـم و کار مـا و ایمان مـا یکجـا باشـد.

فَمَا يُكَذِّبُكَ بَعْدُ بِٱلدِّينِ (۷)

معنی: پس چه چیز تو را به تکذیب روز جزا وا میدارد؟

تفسیر: بعـد از ایـن همـه دلایـل، خلقت انسـان و جهـان هسـتی چـه چیـز باعـث مـی شـود کـه تـو هنـوز هـم خداونـد و آیـات او را تکذیـب کنـی. آیـا ایـن حماقـت نیسـت؟ روز آخـرت را نفیـه کنـی و همـه را دورغ پنـداری؟. انسـان یـک موجـود بسـیار ناسپاس اسـت و همیـن ناسپاسـی و ناشـکری او باعـث بربـادی او مـی شـود .

أَلَيْسَ ٱللَّهُ بِأَ حْكَمِ ٱلْحَاكِمِينَ (۸)

معنی: آیا خداوند بهترین داوران نیست؟

تفسیر: دریـن جا خداونـد از بنـده سـوال میکنـد کـه بـا اینهمـه نعمـت هـای کـه بـرای انسـان تهیـه داشـته اسـت، انسـان را اشـرف مخلوقـات آفریـده و همه جهـان هسـتی را بـرای اسـتفاده انسـان در اختیـارش گذاشـته اسـت و بـار بـار به انسـان هشـدار داده اسـت کـه از عقـل کار گیـرد و سـرکشی نکنـد پـس آیـا بهتریـن داوران نیسـت. دیگـر چه میخواهیـد ای انسـان سـرکش و مغـرور.

سُورَةُ العَلق

مقدمه

سورهٔ مکی است و دارای نوزده آیه می باشد. معنی علق نموی نطفه است نه خون بسته یا خون لخته یا خون بی ارزش زیرا این معانی در لقاح نقش ندارد. برای لقاح باید یک ماده محرک و زنده باشد نه مُرده. در ایام قدیم علم امبریالوژی یا جنین شناسی و همچنان کمره های مخصوص که از داخل رحم عکس گیری می کند، نبود. در نتیجه «علق» غلط معنی شده است. این سوره ازچندین نگاه در دین شناسی و مطالعات قرآنی فوق العاده مهم است. اولین سورهٔ بود که به رسول اکرم (ص) در غار حرا در کوه نور در سه قسمت نازل شد نه یکجایی. این سوره از نگاه تاریخ جهان بشریت را تغییر داد. چون با اقرا آغاز می یابد زیر بنای شناخت خدا و جهان هستی را علم قرار داد. از نگاه ساینس نشان داد که انسان چگونه در نطفه نمو می کند. در فضیلت این سوره حدیثی از رسول اکرم (ص) در دست نیست اما امام جعفر صادق علیه الرحمه که یکی از بزرگان دین بود در تعبیر گفته است که کسی که این سوره را بخواند و همان شب جهان را ترک کند شهید میمیرد. امام غزالی علیه الرحمه این سوره را گوهر علم و مروارید عمل گفته است. در تعبیر خواب میخوانیم که کسی در خواب بیند که سورهٔ علق میخواند خدای متعال به او علم قرآن اعطا می کند. این سوره در کنار علق، اقرا و قلم هم نامیده شده است.

بِسمِ ٱللهِ ٱلرَّحمَٰنِ ٱلرَّحِیمِ

ٱقرَأ بِٱسمِ رَبِّکَ ٱلَّذِی خَلَقَ (۱)

معنی: بخوان به نام پروردگارت که آفرید.

تفسیر: اولین آیهٔ که برای بشریت نازل می شود اقرا است یعنی بخوان. پسان حضرت رسول اکرم (ص) فرمود که اولین شی را که خداوند خلق کرد قلم بود. همین است که زیر بنای دین اسلام علم و معرفت است. شیخ فرید الدین عطار نیشاپوری چه زیبا گفت.

چو شمع از پی علم باید گداخت

که بی علم توان خدا را شناخت

حضرت خالق سبحان و تعالی با این آیه می رساند که خالق همه جهان هستی و انسان اوست. آیه به بشریت از طریق پیامبر (ص) که برای پیامبری برگزیده شده بود مردمان را به آموختن علم می خواند.

خَلَقَ ٱلْإِنسَٰنَ مِنْ عَلَقٍ (٢)

معنی: انسان را در اثر تعامل نموی نطفه خلق نمود.

تفسیر: تحقیقات علم جنین شناسی حاکی برین حقیقت است که علق مادهٔ چسپنده است. علق اساسا یک شی که بچسپد و نطفه در رحم نمو کند، معنی میدهد. علق « آن مرحلهٔ نطفه را افاده میکند که در جدار داخل رحم نصب شده به آشیانه گیری آغاز میکند و خود را مانند جوکی در جدار رحم می چسپاند تا مواد غذایی مورد ضرورتش را از طریق جریان خون مادر تدارک دیده بتواند»(گرفته شده از کتاب توافق قرآن کریم با علوم امروزی اثر پروفیسور محمد شفیق یونس ٢٠٢٠ صفحه ٨٤).

ٱقْرَأْ وَرَبُّكَ ٱلْأَكْرَمُ (٣)

معنی: بخوان که پروردگارت از همه سخاوتمند تر است.

تفسیر: باز انسان را از طریق پیامبر به خواندن تشویق می کند و اطمینان میدهد که خداوند کریم است. کریم یعنی بخشنده و سخاوتمند. سخاوتمندی خداوند در اعطا و بخشش قرآن به بندگان است که هیچ کس دیگر قادر به همچو سخاوت نیست.

ٱلَّذِى عَلَّمَ بِٱلْقَلَمِ (٤)

معنی: همان موجودی که به وسیلهٔ قلم آموزش داد.

تفسیر: خداوند از اقرا می رود به قلم. از طریق قلم علوم را به انسان آموخت همچنان وحی از طریق قلم عارفانه نوشته میشود و بشریت رهنمایی و هدایت می شود.

عَلَّمَ ٱلْإِنسَٰنَ مَا لَمْ يَعْلَمْ (٥)

معنی: به انسان آنچه را نمیدانست آموخت.

تفسیر: خداوند به انسان مغز خارق العاده بخشیده است. اما این مغز در آغاز یک تختهٔ سفید است و انسان هیچ چیزی نمیداند. پروردگار عالمیان او را می آموزاند. و حدود آموختن انسان هم نزد خداوند است تا نشود که مغرور و سرکش نشود. انسان را قادر می سازد تا از طبیعت بیاموزد.

مثال، هواپیما از پرندگان تقلید شده است. و انسان از تجربه می آموزد و اما بازهم همه چیز را نمیداند و این راز را خداوند نزد خود نگه داشته است تا انسان همواره در تلاش آموختن باشد. حدیث رسول کریم (ص) است که از گهواره تا گور دانش بجوی.

كَلَّآ إِنَّ ٱلْإِنسَٰنَ لَيَطْغَىٰٓ (٦)

معنی: نه چنین نیست، بدون شک انسان سرکشی میکند.

تفسیر: انسان موجود بسیار سرکش و ناسپاس است. زود مغرور می شود و فکر می کند که خود اکتفا است و به خدا نیاز ندارد. نمیداند مطالب را که آموخته است به اذن خداوند بوده است و بدون ارادهٔ خداوند انسان قادر نیست به مسایل دسترسی پیدا کند. چون همین مطلب را درک نه می کند هر چه آموخت طغیان می کند و خود را همه چیز میداند. اما وقتی میرسد که همه چیز را فراموش میکند زیرا در زیان است و زوال میشود.

أَن رَّءَاهُ ٱسْتَغْنَىٰٓ (٧)

معنی: همین که خود را خود اکتفا می بیند.

تفسیر: وقتی انسان به علوم به اذن خداوند دسترسی پیدا کرد قسمیکه در بالا گفتیم خود را خود اکتفا می بیند و چنین فکر میکند که خدایی دیگر در کار نیست. غرب زمین اکثراً همینطوری زندگی را می بینند و اما متوجه می شوند که صلاحیت طبیعت را ندارند. خوب میدانند که یک موجود هست که همه را اداره می کند چنانچه انشتاین اعتراف به خدایی خدا کرد. اما اکثرا اعتراف نه می کنند.

إِنَّ إِلَىٰ رَبِّكَ ٱلرُّجْعَىٰٓ (٨)

معنی: به یقین بازگشت به سوی پروردگار توست.

تفسیر: انسان با همه خود اکتفایی از مرگ خود جلوگیری کرده نه می تواند. درک نه می کند که دوباره برمیگردد به خالقش. انسان سرکش فراموش میکند که میمیرد. با اینکه راز مرگ را نه می داند حقیقت رفتنش را نادیده میگیرد زیرا این را هم درک نه میکند که جهان دیگری در انتظارش است.

أَرَءَيْتَ ٱلَّذِى يَنْهَىٰ (٩)

معنی: آیا دیدی آن را که جلوگیری میکند.

تفسیر: آنانیکه درک حقیقت را ندارند دیگران را از راه خداپرستی جلوگیری میکنند. شما شاهد این همه اجرآت از طریق تیلویزیون ها هستید که میخواهند مردم را گمراه کنند. آنهم زیر عنوان آزادی فکر و آزادی بیان دو چیزیکه خدا برایش اعطا کرده و اما امروز خود را به بیراهه می کشاند.

عَبْدًا إِذَا صَلَّىٰ (١٠)

معنی: وقتی بنده ای نماز گزارد.

تفسیر: اولین مسولیت اهل ایمان نماز است و آنانیکه ضد دین هستند در نماز مردم و اهل ایمان سنگ اندازی می کنند. نماز را بی اساس نشان میدهد. شما را متعصب خطاب میکنند اما نمیدانند که اویکه خدا پرست است فریب شانرا نمیخورد.

أَرَءَيْتَ إِن كَانَ عَلَى ٱلْهُدَىٰ (١١)

معنی: چه میپنداری اگر به راه راست باشد.

تفسیر: چون اویکه از خدا غافل است نه می بیند و به فکرش هم نه می رسد که بنده ای که میخواهد گمراه کند خدا پرست است و فریب نمیخورد. کسانی فریب میخورند که در عقیدهٔ خود ضعیف باشند.

أَوْ أَمَرَ بِٱلتَّقْوَىٰ (١٢)

معنی: یا به رستگاری سفارش کند.

تفسیر: می شود که شخص مورد نظر مردم را امر به تقوی کند. اما اویکه اعتقاد ندارد برایش مشکل تمام میشود ببیند که هر چه تلاش میکند تا او را گمراه کند و اما شخص خدا پرست پشت گوش می کند و به کار خود ادامه میدهد.

أَرَءَيْتَ إِن كَذَّبَ وَتَوَلَّىٰ (١٣)

معنی: اگر تکذیب حق کند و روی بر گرداند.

تفسیر: اینجاست که به سرنوشت بد که خودش برایش طرح کرده دچار میشود. توجه کنید که انسان خود مختاراست. خدا نمیخواهد که انسان به بدبختی باشد و اما این را خود انسان انتخاب می کند تا خوشبخت باشد و یا بدبخت.

اَلَمْ یَعْلَم بِأَنَّ اللَّهَ یَرَیٰ (۱۴)

معنی: آیا او نه میداند که خداوند همه اعمالش را می بیند؟

تفسیر: انسان بی ایمان این درک را ندارد که خداوند سمع و بصیر است. هم او را می شنود و هم می بیند. اصلا به این پدیده اعتقاد ندارد. چون انسان بی اعتقاد به حکمت اعتقاد ندارد و این بزرگترین کمبودی اوست.

کَلَّا لَئِن لَّمْ یَنتَهِ لَنَسْفَعًا بِٱلنَّاصِیَةِ (۱۵)

معنی: بگزار با خبر باشد که اگر دست از نابکاری نکشد ما کاکُل (موی بالای پیشانی) اورا به آتش میکشیم.

تفسیر: خداوند همیشه مردم را هشدار میدهد که کاری نکنند که باز آرد پشیمانی. و اگر اصلاح نمی شوند خداوند از موی پیشانی شان گرفته و به عذاب آتش دچار شان می کند. می بینیم که قرآن بسیار به زبان ساده با مردم سخن می گوید تا مردم پند پذیر شوند.

نَاصِیَةٍ کَاذِبَةٍ خَاطِئَةٍ (۱۶)

معنی: همان کاکُلِ دروغگوی خطا کار.

تفسیر: تفاسیر متعدد درین مورد وجود دارد و اما گل سخن این است که درین جا نشان میدهد که قوه های نابکار با همه شکوه و جلال به زنجیر عدالت خداوند قرار میگیرند. درین جا هدف از دروغگو و خطا کار که مو ها بر پیشانی دارد هر کسی است که به افتخارات دنیایی می نازد و عاقبت اش جهنم است و به سزای اعمال خود می رسند.

فَلْیَدْعُ نَادِیَهُ (۱۷)

معنی: بگزار گروه [حامیان] خود را بخوانند.

تفسیر: مردمان که اعتقاد به خداوند ندارند همیشه به گروه که به پشت شان است تکیه می کنند. اینجا خداوند می گوید که بگزار تا حامیان خود را و کسانیکه اینها را حمایه می کنند بخوانند و نتیجه اش در مقابل تصمیم و اراده خداوند برای تنبیه شان سودی ندارد.

سَنَدْعُ ٱلزَّبَانِیَةَ (۱۸)

معنی: ما فرشتگان جزا را میخوانیم.

تفسیر: آنها حامیان خود را بخوانند و ما فرشتگان جزا را میخوانیم تا به

داد شــان برسنـد. آنهـا بـه قـدرت الهـی اعتقـاد ندارنـد کـه چگونـه جزا میدهـد. حتـی تصـورش را هـم نـه مـی کننـد.

كَلَّا لَا تُطِعْهُ وَاسْجُدْ وَاقْتَرِب ۩ (۱۹)

معنی: هرگز از او اطاعت مکن و به خداوند سجده کن و تقرب بجوی.

تفسـیر: انسـان بـا تقـوی هرگـز از طاغـوت پیـروی نـه مـی کنـد. و از روی تواضـع بـه خداونـد سجده مـی کنـد و بـه او نزدیکـی حاصـل میکنـد. آیـن آیـه سـجده دارد فرامـوش نکنیـد.

سُورَةُ القَدر

مقدمه

سورۀ مکی است و اما بعضی گفته اند که در مدینه نازل شده است و دارای پنج آیه می باشد. قدر یعنی شب قدرت و عظمت. اهمیت و ارزش هم گفته اند و اما ارزش یک واژه سوسیولوژیک است و اصل مفهوم را افاده نمی کند. خداوند درین شب قدرت و عظمت خود را به بنده نمایان می کند. این سوره حاکی از یک خبر مهم است که قرآن در شب قدر نازل شده است. در مورد اینکه قرآن مجید دوبار نازل شده است در تفسیر بسم الله الرحمن الرحیم در شروع تفسیر یونس گفتیم. اکثر مردم مسلمان این سوره کوتاه را از بر دارند. در مورد فضیلت این سوره حضرت رسول کریم (ص) فرموده است که هر کسی این سوره را تلاوت کند مانند کسی است که ماه رمضان را روزه گرفته و شب قدر را احیا داشته است.

بِسمِ ٱللهِ ٱلرَّحمَنِ ٱلرَّحِیمِ

إِنَّآ أَنزَلنَـٰهُ فِی لَیلَةِ ٱلقَدرِ (۱)

معنی: همانا ما [قرآن] در شب قدر نازل کردیم.

تفسیر: در آیه کلمه قرآن نیامده است و اما ضمیر آیۀ **إِنَّآ أَنزَلنَـٰهُ** به قرآن مجید نسبت داده می شود و همه مفسرین درین مسله اتفاق نظر دارند. وقتی ما در سورۀ بقره میخوانیم که قرآن مجید در ماه مبارک رمضان نازل شده است (بقره آیه ۱۸۵) پس نتیجه گرفته می شود که قرآن در شب قدر در ماه مبارک رمضان نازل شده است. این موضوع این شب را با عظمت می سازد.

وَمَآ أَدرَىٰكَ مَا لَیلَةُ ٱلقَدرِ (۲)

معنی: و تو چه میدانی [درک می کنی] که شب قدر چیست؟

تفسیر: نه تنها که درین شب قرآن مجید نازل شده است به روایت روایات میخوانیم که شب قدر همان شب است که مقدرات و سرنوشت انسانها تعیین می شود. دراین مقدرات و سرنوشت سازی دو نکته وجود دارد. یکی اینکه اساساً یعنی قرآن جامعۀ بشری را تغییر میدهد، توحید را معرفی میکند و جامعۀ بشری را از خرافات و موهومات هشدار میدهد و انسان را مسئول اعمال و کردارش می سازد و علم را زیربنای همه پیشرفت انسانی قرار میدهد و دوم در آن شب فرشتگان و روح برای تقدیر هر کاری

نـازل مـی شـوند. و ایـن از راز هـای الهـی و حکمـت اسـت کـه خـدا نابـوران اعتقـاد ندارنـد.

لَیْلَةُ ٱلْقَدْرِ خَیْرٌ مِّنْ أَلْفِ شَهْرٍ (٣)

معنی: شب قدر از هزار ماه بهتر است.

تفسیر: قـرآن همیشـه بـه زبـان مـردم سـخن مـی گویـد. اینجـا بـرای اینکـه عظمـت شـب قـدر را نشـان دهـد اشـاره بـه هـزار مـاه مـی کنـد کـه زیـاد تـر از هشـتاد سـال اسـت و تقریبـا حـد اوسـط سـن یـک انسـان اسـت. در عیـن زمـان هـزار مـاه نشـان دهنـده ایـن حقیقـت اسـت کـه ای مـردم شـما نـزول قـرآن و عظمـت قـرآن را نادیـده نگیریـد.

تَنَزَّلُ ٱلْمَلَـٰئِكَةُ وَٱلرُّوحُ فِیهَا بِإِذْنِ رَبِّهِم مِّن كُلِّ أَمْرٍ (٤)

معنـی: در آن شب فرشـتگان و روح بـه اذن خداونـد [آمـوزگار] از بـرای هـر کاری نـازل مـی شـوند.

تفسیر: ایـن شـبی اسـت کـه فرشـتگان الهـی و روح بـرای مقـدرات نـازل مـی شـوند. توجـه کنیـد کـه دریـن آیـه از «رب » سـخن آمـده یعنـی خداونـد آمـوزگار. موجـودی کـه بـه بشـریت موضوعـات را مـی آموزانـد. در مـورد روح تفاسیـر متعـدد وجـود دارد و امـا چـون قـرآن مـی گویـد کـه روح از پـروردگار اسـت مـا صلاحیت تفسیـر را نداریـم. خیـال پـردازی درسـت نیسـت.

سَلَـٰمٌ هِیَ حَتَّىٰ مَطْلَعِ ٱلْفَجْرِ (٥)

معنی: شبی است تا طلوع[نماز] فجر مملو از برکت و سلامت.

تفسیر: عظمـت ایـن شـب را دریـن آیـه مـی بینیـم. کسـانیکه اسـتعداد دارنـد همـه شـب را قـرآن میخواننـد. کـدام شـب اسـت دقیـق معلـوم نیسـت و شـب هـای زیـادی گفتـه شـده اسـت و امـا اکثـرا بـه ایـن بـاور هسـتند کـه در شـب هـای اخیـر رمضـان اسـت ماننـد بیسـت و یکـم، بیسـت وسـوم، و بیسـت و هفتـم بایـد باشـد.

سُورَةُ البَيّنَئِ

مقدمه

این سوره شامل هشت آیه است. در مورد اینکه این سوره مدنی است و یا مکی علامه یوسف علی می نویسد که اوایل مدنیه باشد و یا اواخر مکه. بعضی مفسرین دیگر می نویسند که احتمال زیاد است که مدنی باشد زیرا مخاطب اهل کتاب زیاد تر است و اهل کتاب در مدینه تعداد شان نظر به مکه زیاد تر بود. بینه یعنی مدارک روشن معنی میدهد. بعضی ها دلیل روشن معنی کرده اند که درست نیست زیرا دلیل ثبوت میخواهد و قرآن ثبوت کار ندارد. یا قبول میکنی یا نه میکنی. علامه یوسف علی می نویسد که این سوره از نگاه متن سورهٔ قدر را دنبال می کند. مشرکین و اهل کتاب که قرآن را رد کردند به خاطر منافع خود شان بود درغیر آن پیام خداوند بیانگر مدارک روشن حق و راستی و خدا پرستی و خدمت به خلق است. در مورد فضیلت این سوره حضرت رسول کریم (ص) فرموده است که اگر مردم میدانستند چه برکاتی این سوره دارد خانواده و اموال را رها کرده به فرا گرفتن آن می پرداختند. اگر کسی به خواب بیند که بینه را میخواند مردم را به راه راست ارشاد می کند.

بِسمِ ٱللهِ ٱلرَّحمَٰنِ ٱلرَّحِيمِ

لَمْ يَكُنِ ٱلَّذِينَ كَفَرُواْ مِنْ أَهْلِ ٱلْكِتَٰبِ وَٱلْمُشْرِكِينَ مُنفَكِّينَ حَتَّىٰ تَأْتِيَهُمُ ٱلْبَيِّنَةُ (١)

معنی: کافران اهل کتاب و مشرکان [می گفتند] ما از آیین خود دست بردار نیستیم تا مدرک روشن برای ما نیاید.

تفسیر: اهل کتاب و مشرکان با ظهور پیامبر اسلام در اختلاف افتادند و او را قبول نمیکردند مگر اینکه مدرک واضح و روشن برای شان داده شود.

رَسُولٌ مِّنَ ٱللَّهِ يَتْلُواْ صُحُفًا مُّطَهَّرَةً (٢)

معنی: پیامبری از طرف خدا که صحیفه های منزه را بر ما بخواند.

تفسیر: پیامبر اکرم (ص) با صحیفه یی پاک و منزه فرستاده شد که ادیان گذشته را تایید میکرد و اما مخالفین سرباز زدند و سر ستیزه را گرفتند. نمیخواستند قبول کنند که دین برحق اشتباهات و غلطی های شانرا اصلاح میکند و متوجه می سازد که به بیراهه رفته اند.

فِیهَا كُتُبٌ قَیِّمَةٌ (۳)

معنی: که در آن فرمان های درست و سر راست باشد.

تفسیر: چون یهودان مدینه کتاب خود را داشتند و همچنان نصرانیان آن زمان کتاب خود را داشتند پس به فرمان های قانونی و سرراست اعتقاد داشتند و توقع داشتند که همان را محمد (ص) هم پیشکش شان کند.

وَمَا تَفَرَّقَ ٱلَّذِینَ أُوتُواْ ٱلْكِتَـٰبَ إِلَّا مِنۢ بَعْدِ مَا جَآءَتْهُمُ ٱلْبَیِّنَةُ (۴)

معنی: و اما اهل کتاب در کتاب الهی اختلاف نکردند مگر پس از آنکه مدارک روشن برای شان آمد [که قرآن و پیامبر بود].

تفسیر: چرا اختلاف کردند برای اینکه قرآن بدعت های شانرا به رخ شان کشید. خرافات را که به نام دین الله به وجود آورده بودند. اینجا بود که به جای راه راست و قبول حق مقاومت نشان دادند که تا امروز جریان دارد.

وَمَآ أُمِرُوٓاْ إِلَّا لِیَعْبُدُواْ ٱللَّهَ مُخْلِصِینَ لَهُ ٱلدِّینَ حُنَفَآءَ وَیُقِیمُواْ ٱلصَّلَوٰةَ وَیُؤْتُواْ ٱلزَّكَوٰةَ وَذَٰلِكَ دِینُ ٱلْقَیِّمَةِ (۵)

معنی: و به آنها کدام امر خاص نشده بود به جز اینکه خدای [واحد] را مخلصانه پرستش کنند نماز را بر پا دارند و زکات دهند و این است دین صحیح و استوار.

تفسیر: دین حق تعالی از اول تا ظهور پیامبر اسلام، پیام آن یکی بوده و آن عبارت است از خدا پرستی مخلصانه از طریق نماز تادیه زکات برای دستگیری مساکین و فقرا. این سه اصل اساسی دین خداست.

إِنَّ ٱلَّذِینَ كَفَرُواْ مِنْ أَهْلِ ٱلْكِتَـٰبِ وَٱلْمُشْرِكِینَ فِی نَارِ جَهَنَّمَ خَـٰلِدِینَ فِیهَآ أُوْلَـٰٓئِكَ هُمْ شَرُّ ٱلْبَرِیَّةِ (۶)

معنی: کسانیکه حقیقت را از اهل کتاب و مشرکین انکار میکنند در آتش جهنم می باشند و آنها بد ترین مخلوقات هستند.

تفسیر: اینجا دو مطلب مهم است و آن اینکه آن عده اهل کتاب و مشرکین که قرآن را رد میکنند در آتش جهنم خواهند بود و دوم نکته اینکه آنانیکه حق را نه می شنوند از بد ترین مخلوقات روی زمین هستند.

إِنَّ ٱلَّذِينَ ءَامَنُواْ وَعَمِلُواْ ٱلصَّلِحَتِ أُوْلَـٰٓئِكَ هُمْ خَيْرُ ٱلْبَرِيَّةِ (۷)

معنی: و خواه مخواه آنانیکه ایمان می آورند و اعمال نیک انجام میدهند از بهترین مخلوقات هستند.

تفسیر: نکته مهم درین آیه این است که عمل نیکو بستگی دارد به ایمان به خداوند. معنی این سخن بسیار عمیق است. هستند کسانیکه به مردم کمک می کنند واما ایمان ندارند. عمل شان بیهوده است و نباید امیدوار بود و اما آنانیکه ایمان آورده اند و اعمال نیک انجام میدهند بهترین مخلوقات هستند.

جَزَآؤُهُمْ عِندَ رَبِّهِمْ جَنَّـٰتُ عَدْنٍ تَجْرِى مِن تَحْتِهَا ٱلْأَنْهَـٰرُ خَـٰلِدِينَ فِيهَآ أَبَدًا رَّضِىَ ٱللَّهُ عَنْهُمْ وَرَضُواْ عَنْهُ ذَٰلِكَ لِمَنْ خَشِىَ رَبَّهُ (۸)

معنی: اجر و پاداش شان نزد خداوند آموزگار بهشت جاویدان است که در پای درختان آن نهر ها جاری است و در آن جاوادنه خواهند ماند.هم خدا از آنها خشنود است و هم آنها از خداوند راضی هستند.. این جایگاه برای کسی است که از خداوند آموزگار پروا نماید.

تفسیر: خداوند، بدون شک و تردید اجر نیکوکاران را میدهد. درین آیه «رب» یعنی خداوند که از او می آموزیم آمده است. خداوند آموزگار به بنده حق را آموخت و اما آنانیکه او را به واقعیت شناخته بودند درک کردند و مدرک واضح و روشن را قبول کردند و تعمق کردند جایگاه خود بهشت را قرار دادند و اویکه نتوانست سخن آموزنده ای پروردگار را درک کند ،مدرک واضح و روشن را رد کرد و خودش به دست خود جایگاه خود را جهنم قرارداد. از ماست که برماست!

سُورَةُ الزَّلزَلة

مقدمه

سورهٔ مدنی است و هشت آیه می باشد. زلزله می تواند دو تفسیر داشته باشد. یکی بیداری مردم درین جهان زیرا زلزله را نه می توانند کنترل کنند. زلزله به نصیب و قسمت راجع می شود و از حیطهٔ انسان خارج است. دوم زلزله اشاره به روز قیامت است که همه جهان هستی زیر و رو می شود و معنویات خجسته در نظام هستی با عدالت جایگزین می شود. این آیه می رساند که اگر انسان ذرهٔ کار خیر کند پاداش آنرا می گیرد و اگر ذرهٔ کار نادرست کند جزای عمل خود را خواهد دید. در مورد فضیلت این سوره حضرت رسول کریم (ص) فرموده است که « هر کس که آنرا تلاوت کند گویی سوره بقره را خوانده است. پاداش او به اندازه کسی است که یک چهارم قرآن را تلاوت کرده باشد. امام غزالی ای سوره را مروارید عمل نام نهاده است. اگر کسی خواب بیند که این سوره را میخواند با کسی کاری پیدا می کند و با او به عدالت و انصاف رفتار می کند.

بِسمِ ٱللّٰهِ ٱلرَّحمٰنِ ٱلرَّحِیمِ

إِذَا زُلزِلَتِ ٱلأَرضُ زِلزَالَهَا (۱)

معنی: هنگامی که زمین با تشنج خاص به لرزه می آید.

تفسیر: زمین لرزه یکی از قدرت های خداوند است که خارج از حیطه انسانی است. تلفات زیاد دارد و شدید بیدار کننده است اگر کسی عمیق دقت کند.

وَأَخرَجَتِ ٱلأَرضُ أَثقَالَهَا (۲)

معنی: و زمین بار هایش را بیرون می افگند.

تفسیر: وقتی زمین لرزه اتفاق می افتد امواج سیزمیك (لرزه یی)زمین را تکان میدهد مثلیکه در داخل ان در حرکت است. و وقتیکه این امواج یا جریانات به سطح زمین می رسد روی زمین را شدید تکان میدهد و هر چیز که در روی آن است.

وَقَالَ ٱلإِنسٰنُ مَا لَهَا (۳)

معنی: و انسان فریاد می کشد که زمین را چه شده است؟

تفسیر: انسان غافل از نادانی و بیخبری فریاد می کشد که چه گپ شد و چرا زمین به این حال افتیده است. اعتقاد ندارد که این امواج که به اِذن خداوند در حرکت می افتد برای بیداری انسانهاست تا از خواب غفلت بیدار شوند.

یَوْمَئِذٍ تُحَدِّثُ أَخْبَارَهَا (٤)

معنی: در آن روز زمین خبر هایش را بازگو می کند.

تفسیر: درین جا ما دو تفسیر داریم. در اثر لرزش بزرگ زمین مواد معدنی را بیرون می کند و خبر میدهد که درین کرهٔ چه راز های نهفته است و همچنان تفسیر ازین آیه از زبان پیامبر اکرم (ص) که فرموده است، اعمال انسان ها مرد و زن درین روز بر ملا می شود و اما این در زلزله روز رستاخیز است.

بِأَنَّ رَبَّكَ أَوْحَىٰ لَهَا (٥)

معنی: مسلماً از آن روست که پروردگارت به آن الهام کرده است.

تفسیر: اینجا می بینیم که زلزله از کار های طبیعت است که بدست پروردگار است و پروردگا در جهان هستی که خلق کرده است و مالک آن است یک نقش برازنده دارد. همه طبیعت از آن اوست و اختیار مطلق آن به دست خداوند است.

یَوْمَئِذٍ یَصْدُرُ ٱلنَّاسُ أَشْتَاتًا لِّیُرَوْا أَعْمَٰلَهُمْ (٦)

معنی: در آن روز مردم دسته دسته باز گردند تا اعمال شان برای شان نمایان گردد.

تفسیر: هدف از زلزله رستا خیز است که مردم جوقه جوقه باز می ایند تا کارنامه اعمال شان خوب و بد برای شان داده شود.

فَمَن یَعْمَلْ مِثْقَالَ ذَرَّةٍ خَیْرًا یَرَهُ (٧)

معنی: پس هر کس به وزن ذره ای کار خیر انجام داده باشد آن را می بیند.

تفسیر: از دید خداوند هیچ چیز پوشیده نیست. همه اعمال و گفتارو کردار ما هر قدر که کوچک باشد حساب شده است به ما نشان داده می شود. لذا کوشش آدمی این باشد که هر قدر خوب باشد و خیر اش به دیگران برسد.

وَمَن یَعْمَلْ مِثْقَالَ ذَرَّةٍ شَرًّا یَرَهُ (۸)

معنی: و هر کی به وزن ذره ای کار بدی انجام داده باشد آنرا می بیند

تفسیر: متقابلا هر کس به وزن ذره ای کار بدی انجام داده باشد به رُخ او کشیده می شود.

سُورَةُ الْعَادِيَات

مقدمه

سورهٔ مکی است و دارای یازده آیه است. بعضی مفسرین این سوره را مدنی هم گفته اند. عادیات معانی مختلف دارد. آنهایکه اجرا می کنند، مهاجمان هم معنی شده است. همچنان اسم دختر هم است. صفت مونث است عادی، جمع آن عادیات. همچنان واژه شناسان گویند که عادیات جمع عادیه از ماده عدو به معنی گذشتن و جدا شدن است. این سوره در بارهٔ قدرت آسمانی و قدرت علم بحث می کند. مبارزه در مقابل قدرت الهی ناممکن است. نشان میدهد که انسان برای خدای خویش ناسپاس است. در مورد فضیلت این سوره حضرت رسول کریم (ص) فرموده است « هر کس آنرا تلاوت کند به عدد هر یک از حاجیانی که در مزدلفه توقف می کنند و در انجا حضور دارند ده حسنه به او داده می شود. امام غزالی این سوره را مروارید عمل نام نهاده است. در تعبیر خواب می خوانیم که اگر کسی خواب بیند که عادیات میخواند خاندان پیامبر را دوست دارد.

بِسمِ اللهِ الرَّحمَنِ الرَّحِیمِ

وَٱلعَدِیَتِ ضَبحًا (۱)

معنی: سوگند به [اسپان] مهاجم که نفس زنان به پیش می روند.

تفسیر: اسپان که در راه جهاد نفس زنان و به سرعت به پیش می روند.

فَٱلمُورِیَتِ قَدحًا (۲)

معنی: و آنها که با سُم های خود جرقه تولید می کنند.

تفسیر: در بعضی تفاسیر این آیه گرد و غبار معنی شده است. اساساً وقتی اسپان به سرعت می دوند سُم های شان جرقه تولید میکند.

فَٱلمُغِیرَٰتِ صُبحًا (۳)

معنی: و سوگند به هجوم آوران در صبگاهی.

تفسیر: درین جا عادیات دقیقاً هجوم آوران معنی میدهد در صبح هنگام. این حملات است که بیخبر هجوم می آورند. در جنگ عمومی دوم آلمان بدون خبر به پولند حمله کرد که در آلمانی «بلیتزکغی» می گویند. پس این تکتیک جنگی قبلا استفاده شده است.

فَأَثَرْنَ بِهِ نَقْعًا (٤)

معنی: که در اثر تماس سُم ها گرد و خاک تولید می کنند.

تفسیر: وقتی اسپان به سرعت می دوند خواه مخواه هم سُم های شان جرقه تولید می کند و هم گرد و خاک بالا می شود.

فَوَسَطْنَ بِهِ جَمْعًا (٥)

معنی: و ناگهانی در وسط دشمن داخل شدند.

تفسیر: حملات سریع و بدون درنگ به قلب دشمن می زند که راه از پیش شان گم می شود و نه میدانند چه کنند برای اینکه غافلگیر می شوند.

إِنَّ ٱلْإِنسَٰنَ لِرَبِّهِ لَكَنُودٌ (٦)

معنی: به یقین که انسان به پروردگارش ناسپاس است.

تفسیر: خداوند همه چیز را به شمول به انسان آموزش داده است و اما انسان به خود نمیگیرد و ناسپاسی می کند.

وَإِنَّهُ عَلَىٰ ذَٰلِكَ لَشَهِيدٌ (٧)

معنی: و برین حقیقت [انسان] خودش شاهد اعمال خود است.

تفسیر: بلی انسان به اعمال که انجام میدهد مشروط بر اینکه خلل دماغ نداشته باشد خوب میداند که چه می کند و خودش شاهد اعمال و کردار خود است و اما از دید خداوند پنهان نیست.

وَإِنَّهُ لِحُبِّ ٱلْخَيْرِ لَشَدِيدٌ (٨) ۞

معنی: و براستی که [انسان] دوستی شدید به مال [دنیا] دارد.

تفسیر: مطلب مهم را که اکثرا مردم ندانسته اند این است که مال دنیا ایشان را نجات نمیدهد مگر ایمان. این بدین معنی نیست که مردم مال و زندگی نداشته باشند و اما بستگی به مال دنیا درد سر خلق کردن است. همانقدر ما داشته باشیم که به اصطلاح گزاره کنیم. اما مردم به خاطر دوستی به مال دنیا دروغ می گویند خیانت می کنند و ده ها غلطی دیگر می کنند و به ایمان خود صدمه می رسانند.

أَفَلَا يَعْلَمُ إِذَا بُعْثِرَ مَا فِى ٱلْقُبُورِ (٩)

معنی: مگر نمیدانند که آنچه در قبرهاست بر انگیخته می شوند.

تفسیر: یکی از قدرت های خداوند این است که خفتگان قبور را بر می انگیزد تا حساب شان بدست شان داده شود. خداوند بر هر کاری قادر است.

وَحُصِّلَ مَا فِى ٱلصُّدُورِ (١٠)

معنی: و آنچه [از کفر و ایمان] در سینه هاست آشکار گردد.

تفسیر: انسان مسئول اعمال و کردار خود است و در روز رستاخیز همه چیز فاش می شود و حق داده می شود و عدالت بین کفر و ایمان تامین میگردد.

إِنَّ رَبَّهُم بِهِمْ يَوْمَئِذٍ لَّخَبِيرُ (١١)

معنی: آن روزی است که پروردگار شان از همه اعمال شان آگاهی مطلق دارد.

تفسیر: بلی ! روز حساب و کتاب و اینکه ما درین دنیا چه کردیم و چه نکردیم همه را خداوند آگاهی کامل دارد و عادل واقعی خداوند است و مردمان نظر به عملکرد شان با ایشان برخورد می شود.

سُورَةُ القَارِعَة

مقدمه

در مکه نازل شده و یازده آیه است. سوره از روز قیامت سخن دارد و اینکه دنیا دیگر از بین می رود و انسانها تیت و پراگنده می شوند و اعمال خوب و بد مردم در ترازوی عدالت خداوندی قرار میگیرد. در بارهٔ فضیلت این سوره رسول اکرم (ص) فرموده است « کسی که قارعه را بخواند در هاویه ای دوزخ جای نخواهد داشت.» اگر کسی در خواب بیند سورهٔ قارعه میخواند اعمال خوب او زیاد و سنگین است.

بِسمِ ٱللهِ ٱلرَّحمَنِ ٱلرَّحِیمِ

ٱلقَارِعَةُ (۱)

معنی: آن روز که سرو صدا و غالمغال شدید است.

تفسیر: اکثراً قارعه حادثهٔ کوبنده معنی شده است که مفهوم آیه نیست. قارعه یعنی روز که سر و صدا و چیغ و غالمغال مردم به خاطر از بین رفتن جهان هستی و اینکه همه مردم سراسیمه می شوند و قیامت را به چشم می بینند می باشد. این روز است که مردم از ترس و وهم تیت و پراگنده می شوند و خانواده ها از هم می پاشد. مردم از ترس چیغ می زنند و سر و صدا زیاد بلند می شود. بهترین معنی این آیه را مرحوم یوسف علی کرده است. متن انگلیسی دیده شود.

مَا ٱلقَارِعَةُ (۲)

معنی: چه سر و صدایی که [قابل توصیف نیست].

تفسیر: ما نظر به دید و درک انسانی خود یک حادثهٔ مهیب را می بینیم مانند یک انفجار یا زمین لرزه. اما حادثهٔ که در روز رستاخیز به وقوع می پیوندد از درک ما بالاست و فوق العاده مهیب است و سرو صدا دارد.

وَمَآ أَدرَلكَ مَا ٱلقَارِعَةُ (۳)

معنی: و توچه درک آنرا داری که آن سرو صدا چیست؟

تفسیر: گفتیم که حادثهٔ روز قیامت، سر و صدای که بلند می شود دور از تصور انسانی است و توصیف نمی شود.

يَوْمَ يَكُونُ ٱلنَّاسُ كَٱلْفَرَاشِ ٱلْمَبْثُوثِ (٤)

معنی: روزی که مردم مانند پروانه ها پراگنده می شوند.

تفسیر: درین جا مردم را به پروانه ها تشبیه می کند که به هر سو تیت و پرک می شوند. مردم سراسیمه می باشند ونمی دانند که چه کنند.

وَتَكُونُ ٱلْجِبَالُ كَٱلْعِهْنِ ٱلْمَنفُوشِ (٥)

معنی: و کوه ها چون پشم های رنگارنگ حلاجی می شوند.

تفسیر: کوه ها که برای استواری زمین خلق شده اند مانند پشم های رنگارنگ حلاجی می شوند. چون کوه ها رنگ های مختلف دارد به مانند پشم های رنگارنگ می شود یعنی مانند پشم های رنگارنگ نرم می شود و از هم پاشیده می شود. پاشیدگی کوه ها باعث از بین رفتن کره زمین می شود.

فَأَمَّا مَن ثَقُلَتْ مَوَازِينُهُ (٦)

معنی: پس هر کس که وزن اعمال [خوب] او سنگین باشد.

تفسیر: درین روز است آنهایکه اعمال نیک انجام داده اند و به مردم خدمت کردند و باعث تکثیر و تامین عدالت شده اند؛ اعمال شان در ترازوی عدالت سنگینی می کند.

فَهُوَ فِي عِيشَةٍ رَّاضِيَةٍ (٧)

معنی: پس او در زندگی [آخرت] خشنود خواهد بود.

تفسیر: عدالت خداوند همین است که آنهایکه در دنیا در کنار ایمان به خداوند کار های نیکو انجام داده اند در زندگی آخرت زندگی رضایتبخش خواهد داشت.

وَأَمَّا مَنْ خَفَّتْ مَوَازِينُهُ (٨)

معنی: و اما اویکه ترازوی اعمالش سُبک است.

تفسیر: متقابلا کسی که اعمال نیکو انجام نداده است و مصدر خدمت به بشریت نشده است باید توقع نداشته باشد که مانند آن کسی که همه عمرش را وقف مردم کرده است با او برخورد شود. ترازوی اعمال این اشخاص سُبک است.

فَأُمُّهُ هَاوِيَةٌ (٩)

معنی: پس جایگاه آنها دوزخ است.

تفسیر: جای کسانیکه مرتکب اعمال ناشایسته شده اند جایگاه شان هاویه یعنی دوزخ است.

وَمَآ أَدْرَلكَ مَا هِيَهْ (١٠)

معنی: و تو چه درک داری که هاویه چیست؟

تفسیر: قسمیکه گفتیم دوزخ و جنت خارج از درک و دانش انسانی است و اینکه چه واقعه بزرگ به وقوع می پیوندد از درک و تصور انسانی بیرون است.

نَارٌ حَامِيَةُ (١١)

معنی: آتشی سوزان است.

تفسیر: جایگاه که برای بدکاران و آنانیکه خلاف انسان بودن و کرامت انسانی هستند.

سُورَةُ التّكاثُر

مقدمه

سورهٔ مکی است و دارای هشت آیه است. این سوره انسان را از مادی پرستی و اجتناب از آن آگاهی میدهد. انسان مادی پرست که صرف توجه آن ثروت و جمع کردن مال باشد از معنویات خجسته به دور می ماند. در مورد فضیلت این سوره حضرت رسول کریم (ص) فرموده است که کسی که آن را بخواند در برابر نعمتهای که در دنیا به او داده او را مورد حساب قرار نمیدهد و پاداشی به او میدهد که برابر به هزار آیه از تلاوت قرآن است که خوانده باشد.امام غزالی این سوره را مروارید عمل نام نهاده است. در تعبیر خواب میخوانیم که اگر کسی خواب بیند که سورهٔ تکاثر میخواند افراد صالح و رستگار را ملاقات و زیارت می کند.

بِسمِ ٱللّٰهِ ٱلرَّحمَٰنِ ٱلرَّحِیمِ

أَلهَىٰكُمُ ٱلتَّکَاثُرُ (۱)

معنی: تفاخر دررقابت مال و ثروت [دنیا] شما از معنویات خجسته به دور کرده است.

تفسیر: واقعاً کسانیکه به مال و ثروت دنیا زیاد چشم می اندوزند از راه خدا غافل می شوند و مرتکب بی عدالتی ها میگردند. کبر و غرور ایشان را از راه حق به دور میکند و به علم اعتنا ندارند.

حَتَّىٰ زُرتُمُ ٱلمَقَابِرَ (۲)

معنی: تا وقتیکه به زیارت قبر ها رفتید.

تفسیر: زیارت قبور برای ما بسیار آموزنده است زیرا در آنجاست که ما میدانیم که جای ما هم همانجاست و روزی از ما بازخواست خواهد شد.

کَلَّا سَوفَ تَعلَمُونَ (۳)

معنی: چنین نیست، به زودی خواهید دانست.

تفسیر: انسان نتیجه غفلت خود را به زودی خواهد دید. چهار چیز است که انسان به خطا می رود کبر و غرور و خودخواهی، دوم غفلت، سوم جهل و چهارم اسراف. این چهار انسان را تباه می کند.

ثُمَّ كَلَّا سَوْفَ تَعْلَمُونَ (٤)

معنی: باز چنین نیست، به زودی خواهید دانست.

تفسیر: تکرار موضوع است که غافل نباشید و شما مورد بازخواست قرار میگیرید.

كَلَّا لَوْ تَعْلَمُونَ عِلْمَ ٱلْيَقِينِ (٥)

معنی: چنین نیست اگر شما با علم یقین می دانستید.

تفسیر: انسان تا که به چشم نبیند یقین حاصل نمی کند. قرآن مجید به ما از عین الیقین، علم الیقین و حق الیقین خبر میدهد که اگر چشم بصیرت داشته باشید و موضوع را با علم یقین ببینید به حق می رسید.

لَتَرَوُنَّ ٱلْجَحِيمَ (٦)

معنی: به یقین جهنم را خواهید دید.

تفسیر: هشدار میدهد که شما اهل غافلون و آنانیکه انکار میکنید جهنم را خواهید دید.

ثُمَّ لَتَرَوُنَّهَا عَيْنَ ٱلْيَقِينِ (٧)

معنی: سپس دوزخ را با دیده ای یقین مشاهده خواهید کرد.

تفسیر: وقتی مرگ فرا رسد آنجاست که حقیقت برای شما آشکار می شود و به دیده ای یقین جهنم را خواهید دید.

ثُمَّ لَتُسْئَلُنَّ يَوْمَئِذٍ عَنِ ٱلنَّعِيمِ (٨)

معنی: و آنگاه از نعمت های که به شما داده شده است سوال خواهید شد.

تفسیر: باز تاکید بالای غفلت است که مردم ناسپاس هستند و شکر گزاری نه می کنند. خداوند به انسان نعمت های فراوان اعطا کرده است و سوال میشود که با این نعمت ها ما چه کار کرده ایم؟ طور مثال اگر علم آموختیم آیا با دیگران شریک شدیم؟ اگر ثروت داشتیم دست فقیر و بینوا را گرفتیم؟

سُورَةُ العَصر

مقدمه

سورهٔ مکـی اسـت و شـامل سـه آیـه مـی بـاشـد. ایـن سـوره بسیار کوتـاه و امـا بیـدار کننده اسـت و در سـه آیـه بـه انسـان مـی گـویـد کـه متوجه خـودش بـاشـد و کوشـش کنـد کـه ایمان بیـاورد و کـار هـای شایسته انجـام دهـد. در مـورد فضیلت سورهٔ عصر، حضرت رسـول کریـم (ص) فرمـوده اسـت ،» هـر کـس ایـن سـوره را تـلاوت کنـد خداونـد بـرای او ده حسنه پـاداش مـی نویسـد و کسـی کـه بـر تـلاوت آن مداومـت کنـد خداونـد عاقبت او را ختم بـه خیر مـی نمایـد و در روز قیامت بـا پیـروان حـق محشـور مـی گـرداند.امـام غزالـی ایـن سـوره را مرواریـد عمـل نـام نهـاده اسـت. کسـی کـه در خـواب سـوره عصر بخوانـد زیانـی بـر او وارد مـی شـود و امانتـی کـه بـر عهـده اوسـت ادا مـی کنـد.

بِسْمِ اللهِ الرَّحْمَنِ الرَّحِيمِ

وَٱلْعَصْرِ (۱)

معنی: سو گند به زمان.

تفسیر: ایـن آیـه از دیـد امـروز کـه خداونـد بـه عصـر یـا زمـان سـوگند یاد مـی کنـد بسیار آموزنـده و حایـز اهمیـت اسـت. زمـان در گـذر اسـت و بـر نمیگـردد. پـس چـه بایـد کـرد؟ اول بایـد بـه زنـدگی خـود تعقـل کنیـم که وقتـی مـی دانیـم هـر روز بـه مـرگ خـود نزدیـک مـی شـویم چـه تصامیم معقـول بایـد بگیریـم. ایـن آیـه از نظـم و نسـق وقت هـم سـخن دارد کـه مـا بایـد از وقـت استفاده اعظمـی کنیـم و وقـت تلفـی بـه سـود مـا نیسـت. مهمتر اینکـه توبـه کنیـم و اشتباهات گذشـته را تکـرار نکنیـم. بیاموزیـم، سـفر کنیـم و تـا مـی توانیـم از فرصت هـای کـه خداونـد بـه مـا داده اسـت استفاده کنیـم.

إِنَّ ٱلْإِنسَٰنَ لَفِى خُسْرٍ (۲)

معنی: بدون تردید انسان در زیان است.

تفسیر: انسـان در زیـان اسـت بـرای اینکه از فرصت هـای کـه برایـش داده شـده اسـت در امـور معنـوی و مـادی ماننـد ایمـان و حتـی ثـروت استفاده نـه مـی کنـد. از نعمت هـای کـه برایـش داده شـده شـاکر نیسـت. از فرصت هـای آموزشـی کـه برایـش داده شـده استفاده نـه مـی کنـد و اینها باعـث مـی شـود تـا یـک زنـدگی بیهـوده داشـته بـاشـد تـا اینکـه مـرگ بـه سـراغش رسـد.

إِلَّا ٱلَّذِينَ ءَامَنُواْ وَعَمِلُواْ ٱلصَّـٰلِحَـٰتِ وَتَوَاصَوْاْ بِٱلْحَقِّ وَتَوَاصَوْاْ بِٱلصَّبْرِ ﴿٣﴾

معنـی: مگـر آنانیکـه ایمـان آورده انـد و کار هـای نیکـو انجـام دادنـد و همدیگـر در راه حـق توصیـه کـرده انـد و همدیگـر را بـرای صبـر و شـکیبایی توصیـه کـرده است.

تفسیـر: شـرط اساسـی زندگـی بـرای انسـان کـه در زیـان اسـت ایمـان بـه خداونـد اسـت و بعـد ایـن شـخص بـا ایمـان کار هـای نیکـو بـرای خانـواده و مـردم انجـام داده باشد کـه یکـی آن رهنمایـی در راه حـق اسـت و دیگـر آن در امـور از صبـر و شـکیبایی کار گیـرد. هسـتند مـوارد زندگـی کـه در کنتـرل مـا نیسـت پـس درینصـورت بایـد بـه خداونـد تـوکل کـرد و صبـور بـود.

سُورَةُ الْهُمَزَة

مقدمه

سورهٔ مکی است و دارای ۹ آیه می باشد. سخن از سرنوشت آنان دارد که تصور میکنند تنها مال و سرمایه در زندگی مهم است و بس. برای شان زندگی جاودانه میدهد. امروز در جهان شرق و غرب مردم زیاد تر مادی پرست شده اند. آنانیکه به کمال اقتصادی نه رسیده اند مشکل را در آنها می بینند نه در نظام اقتصادی که آنهایکه سرمایه در دست شان است مردم را استثمار کرده اند. در مورد فضیلت این سوره حضرت رسول کریم فرموده است که « هر کس این سوره را تلاوت کند به عدد هر یک از کسانی که محمد و یارانش را استهزاء کرده اند ده حسنه به او داده می شود. این سوره آنانی را که در حضور مردم و در غیاب مردم عیب جویی می کنند هشدار میدهد. امام غزالی این سوره را مروارید عمل نام نهاده است. اگر کسی در خواب بیند که این سوره را می خواند مال اندوزی می کند و فکر آخرت را نه می کند.

بِسمِ ٱللهِ ٱلرَّحمَنِ ٱلرَّحِیمِ

وَیْلٌ لِّکُلِّ هُمَزَةٍ لُّمَزَةٍ (۱)

معنی: وای بر هر عیبجوی طعنه گر.

تفسیر: یکی از صفات بسیار بد انسانی عیب جویی دیگران است هم در حضور شان و هم در غیاب شان. این عیب جویی ها طعنه آمیز می باشد. متاسفانه این صفت بد، تربیه و اخلاق و سویه پایین فرهنگی انسان را نشان میدهد. طعنه زدن و طعنه گر عقدهٔ روحی دارد و خودش نه می داند. هستند مردان و همسران که به یک دیگر طعنه میدهند و این زندگی خانوادگی را از هم می پاشد. راه علاج این مرض روحی ایمان راسخ به خداوند است و بس. مردم کاری نکنند که خداوند به ایشان هشدار داده است و مورد خشم خداوند قرار میگیرند.

اَلَّذِی جَمَعَ مَالاً وَعَدَّدَهُ (۲)

معنی: که ثروت و مال اندوزی کرده [و برای روز مبادا] گذاشته که ذخیره شود.

تفسیر: اکثراً واژه «عدده» شمردن معنی شده است که از نگاه تحت الفظی درست است و اما مفهوم واقعی آیه را نه می رساند. درین جا روی سخن

طرف کسانی است که همیشه در فکر جمع اوری مال و ثروت هستند و برای آیندهٔ که قطعاً معلوم نیست ذخیره می کنند. عدده ذخیره مال است. خوشی و سعادت خود را در کثرت ثروت خود می بینند که به اشتباه رفته اند. و نظام سرمایه داری این را تشویق می کند. ما کار می کنیم که اول زندگی خوب داشته باشیم و دوم به مردم خدمت کنیم. ثروت و دارایی ما را نجات نمیدهد. اگر پس انداز هم می کنیم باید همان قدر باشد که در صورت لزوم دست ما بند نشود و تمام. زیاد تر از آن هیچ سودی به ما نه می رساند زیرا فردای ما معلوم نیست. اهل ایمان هم کار میکنند و زحمت می کشند و حق و حلال پیدا می کنند و هم در فکر آخرت هستند.

یَحْسَبُ أَنَّ مَالَهُ أَخْلَدَهُ (٣)

معنی: تصور می کند که مالش زندگی او را جاودانه می سازد.

تفسیر: هر زمان که تمرکزفکری به سرمایه زیاد شد معنویات خجسته فرار میکند. شخص به آخرت که رفتنی است و جواب دادنی است فکر نه می کند. به خلق خدا که باید کمک شوند فکر نه می کند. مغرورمی شود و ثروت او را از حقایق زندگی نا بینا می کند. به مرگ که به سراغش آمدنی است هرگز فکر نه می کند.

كَلَّا لَيُنْبَذَنَّ فِى ٱلْحُطَمَةِ (٤)

معنی: چنین نیست و در آتشی خرد کننده انداخته می شود.

تفسیر: عاقبت آنانیکه در فکر این نیستند که زندگی دنیا تنها برای ثروت اندوزی نیست بلکه موضوعات دیگرمعنوی انسانی است که اساساً زندگی انسانی را می سازد و تجلای واقعی انسانی در علم و معرفت و خداشناسی اوست. آنانیکه از حقیقت انکار می کنند برای اینکه جامعه بشری را به فساد می کشانند و باعث بربادی محیط زیست و خلقت می شوند سخت جزا می بینند.

وَمَآ أَدْرَٰكَ مَا ٱلْحُطَمَةُ (٥)

معنی: و تو چه میدانی یا درک میکنی که حُطمه چیست؟

تفسیر: عقل انسانی را به چالش می کشاند و سوال میکند که تو چه میدانی که حُطمه (آتش خرد کنند) چیست؟ خداوند می داند که انسان محدودیت های دارد و همه چیز را فهمیده نه می تواند. به انسان مغرور و متکبر خاطر نشان می سازد که مغرور نشود و فکر نکند که همه چیز را

با علـم قلیـل خـود مـی دانـد.

نَارُ اللَّهِ الْمُوقَدَةُ (٦)

معنی: آتش افروخته شده ی الهی است.

تفسیر: خداونـد خـود جـواب مـی گویـد کـه آتـش اسـت کـه توسـط خداونـد افروختـه شـده اسـت بـرای گنهکاران. چـرا آتـش همیشـه بزرگتریـن جـزاء یـاد شـده اسـت. بـرای اینکـه آتـش نـه تنهـا کـه خانمانسـوز و جـان گـداز اسـت اوکسـیژن قطـع مـی شـود و انسـان نفـس کشـیده نـه مـی توانـد و گاز هـای سـمی پخـش مـی شـود و انسـان عـذاب مـی بینـد.

أَلَّتِی تَطَّلِعُ عَلَى الْأَفْئِدَةِ (٧)

معنی: [اتش] که بر دل ها زبانه کشد.

تفسیر: مـی بینیـم کـه آتـش بـر دل هـا مـی افتـد و هـدف همـان اسـت کـه اوکسـیژن قطـع مـی شـود و انسـان شـدید عـذاب مـی بینـد.

إِنَّهَا عَلَیْهِم مُّؤْصَدَةٌ (٨)

معنی: [آتش] به مانند یک احاطه [در اطراف انسان] و پایدار است.

تفسیر: انسـان گنهـکار ازیـن آتـش فـرار کـرده نـه مـی توانـد. کسـی او را نجـات داده نـه مـی توانـد. همیشـه باقـی مـی مانـد. موصده در آیـه پایـدار معنی میدهـد.

فِی عَمَدٍ مُّمَدَّدَةٍ (٩)

معنی: آنها در ستون های برکشیده قرار دارند.

تفسیر: تفاسـیر مختلـف از ذهـن انسـانی در مـورد ایـن آیـه اسـت. بـه هـر حـال نزدیـک تریـن تفسـیرو درسـت تریـن تفسـیر ایـن بـوده مـی توانـد کـه در روز جـزاء انسـانها در مقابـل سـتون هـا بسـته شـده انـد و آتـش ایشـان را احاطـه کـرده اسـت و فـرار کـرده نمـی تواننـد.

سُورَةُ الفِيل

مقدمه

سـورهٔ مکـی اسـت و شـامل پنـج آیـه اسـت. داسـتان جنـگ فیـل اسـت کـه شـگفت انگیـز اسـت. زمانیکـه حبشـی هـا زمـام امـور را در یمـن بدسـت گرفتنـد بـا خـود فیـل بـه یمـن بردنـد زیـرا فیـل از حیوانـات وحشـی یمـن نیسـت. امـا حبشـه فیـل دارد. میخواسـتند زمـام زیارتـگاه را بدسـت گیرنـد. ایـن داسـتان از چنـد جهـت مهـم اسـت. اول مسـله تاریخـی جنـگ فیـل اسـت کـه در سـال تولـد حضـرت محمـد (ص) بـه وقـوع پیوسـته اسـت و مشـهور اسـت بـه عـام الفیـل یعنـی سـال فیـل. یمـن زیـر نفـوذ سیاسـی حبشـه قـرار داشـت. حبشـی هـا زمـام امـور از یهـودان گرفتنـد و ایشـان را اخـراج کردنـد. ابرهـه کـه سرپرسـتی یمـن را بـه عهـده داشـت یـک کلیسـای بـزرگ آبـاد کـرد و خواسـت تـا توجـه جهانیـان را مخصوصـا عـرب را بـه سـوی یمـن جلـب کنـد. بـرای ایـن منظـور بـه کعبـه لشـکر کشـی کـرد و خواسـت تـا کعبـه را ویـران کنـد. دریـن لشـکرکشی بـا خـود فیـل بـرده بـود تـا در تخریـب سـرعت بخشـد. امـا کعبـه بـه اعتقـاد عـرب همیشـه زیـر حمایـه خداونـد بـوده اسـت. عـرب قریـش تـوان مبـارزه را نداشـت و امـا اعتقـاد داشـتند کـه خداونـد از کعبـه حمایـت مـی کنـد. همـان بـود کـه پرنـدگان کوچـک در هـوا پدیـدار شـدند کـه در نـول و پنجـال خـود سنگچـل داشـتند و بـالای لشـکر ابرهـه و فیـل هـا پرتـاب میکردنـد. ابرهـه شکسـت خـورد و پـا بـه فـرار گذاشـت. ضربـات سنگچـل هـا بـه انـدازه یـی قـوی بـود کـه بـدن را سـوراخ میکـرد.. خداونـد بـه مشـرکین و دیگـران ایـن پیـام را داد کـه در مقابـل قـدرت الهـی تـوان ندارنـد و دوم اینکـه کعبـه مرکـز وحدانیـت جهانـی اسـت و کسـی نمـی توانـد بـه آن ضـرر برسـاند. کسـی کـه خـواب بینـد کـه سـورهٔ فیـل میخوانـد بـر دشـمن غالـب مـی شـود.

بِسمِ ٱللهِ ٱلرَّحمَٰنِ ٱلرَّحِيمِ

أَلَمْ تَرَ كَيْفَ فَعَلَ رَبُّكَ بِأَ صْحَٰبِ ٱلْفِيلِ (۱)

معنی: آیا توجه نکردی که پروردگارت با اصحاب فیل چه کرد؟

تفسیر: در تفاسیـر متعـدد «الـم تـر» نـدیـدی معنـی شـده اسـت. در آن زمـان پیامبـر نبـود کـه چیـزی را دیـده باشـد. در آن سـال پیامبـر تولـد شـد. امـا پیامبـر ازیـن واقعـات تاریخـی و «ارهـاص «یعنـی معجـزات کـه قبـل از ظهـور پیامبـر (ص) اتفـاق افتـاده اسـت خبـر داشـت و آموختـه بـود. لـذا «الـم تـر» بـه خداونـد توجـه نکـردی یـا خبـر نـداری معنـی مـی شـود. دریـن آیـه خداونـد توجـه پیامبـر

را جلب می کند که او درین مبارزه تنها نیست و خداوند یار و مددگار اوست.

أَلَمْ يَجْعَلْ كَيْدَهُمْ فِى تَضْلِيلٍ (۲)

معنی: مگر دسیسه شانرا تباه نکرد؟

تفسیر: در مقدمه از دسیسه ای ابرهه گفتیم. گل سخن درین جاست که هر دسیسه بر علیه خدا پرستی و توحید توسط پروردگار خنثی می شود و جزیی ترین اقدام بر علیه خداوند تباهی دارد.

وَأَرْسَلَ عَلَيْهِمْ طَيْرًا أَبَابِيلَ (۳)

معنی: و بر سر آنها گروه های پرندگان را فرستاد.

تفسیر: این پرندگان معجزه بودند که دفعتا در آسمان کعبه ظاهر شدند و قوای ابرهه را سنگچل باران کردند و به حکمت خداوند ابرهه شدید شکست خورد. قدرت پروردگار را نباید نادیده گرفت.

تَرْمِيهِم بِحِجَارَةٍ مِّن سِجِّيلٍ (٤)

معنی: با سنگچل های که از (گل پخته) بود هدف قرار میدادند.

تفسیر: سجیل اساساً گل پخته و سفت است که به سنگ می ماند.

فَجَعَلَهُمْ كَعَصْفٍ مَّأْكُولٍ (٥)

معنی: و ایشان را مانند کاه خورد و میده کرد.

تفسیر: ضربات نه تنها که بسیار کشنده بود در عین زمان آنها را مانند کاه ریزه ریزه کرد و از بین برد.

سُورَةُ قُرَيشْ

مقدمه

سورهٔ مکی است و چهار آیه است. این سوره به دوام سورهٔ فیل می تواند باشد. توجه اهل مکه و مخصوصاً قریش را برای نعمت های که خداوند به ایشان ارزانی فرموده جلب می کند. این سوره قریش را به سپاسگزاری از خداوند دعوت میکند. در فضیلت این سوره حضرت رسول کریم فرموده است که هر کسی که آن را تلاوت کند به تعداد هر یک از کسانی که طواف خانهٔ خدا را کرده اند و در آنجا معتکف شده اند ده حسنه به او داده می شود. کسی که در خواب سورهٔ قریش را بخواند از ترس و وحشت در امان می ماند.

بِسمِ ٱللهِ ٱلرَّحمَنِ ٱلرَّحِيمِ

لِإِيلَٰفِ قُرَيْشٍ (١)

معنی: از پیمان های امنیتی و مصونیت که قریش مستفید شده بود والفت داشتند.

تفسیر: قریش همیشه از موجودیت حرم و مصونیت که این دیار به وجود آورده بود حظ می برد و افتخار میکرد. مکه یک مرکز تجارتی بود و نقطه وصل به دیگر مناطق. زیارت کعبه اهمیت دیگر به این شهر میداد که زایرین را از هر گوشه جلب میکرد. کعبه انس و الفت و برادری را تشویق میکرد که با آمدن اسلام تقویت داده شد.

إِيلَٰفِهِمْ رِحْلَةَ ٱلشِّتَآءِ وَٱلصَّيْفِ (٢)

معنی: به الفت میثاق های زمستانی و تابستانی.

تفسیر: مردم قریش برای تجارت سفر میکردند. در زمستان به یمن میرفتند و در تابستان به شام و معاهدات می بستند که این باعث تقویه تجارت در منطقه شده بود.

فَلْيَعْبُدُواْ رَبَّ هَٰذَا ٱلْبَيْتِ (٣)

معنی: پس باید پروردگار این خانه را عبادت کنند.

تفسیر: مردم همیشه سپاسگزار نیستند و حتی اکثریت نعمت های خداوند را نادیده میگیرند. آیه به قریش خاطر نشان می سازد که از نعمت های خداوند که برای شان ارزانی کرده و زمستان و تابستان درآمد دارند باید

از خداونـد سپاسـگزار باشـند. مـا هـم توجـه نـه مـی کنیـم کـه خداونـد چقـدر مهربـان اسـت و ناسـپاس بـودن یـک صفـت بسیـارِ بـد أسـت.

أَلَّذِیۤ أَطۡعَمَهُم مِّن جُوعٍ وَءَامَنَهُم مِّنۡ خَوۡفِۭ (٤)

معنی: همـان کـه در ایـامِ گرسنگی ایشـان را طعـام داد و در ایـام تـرس ایشـان را امـن داد.

تفسـیر: خداونـد روزی دهنـده اسـت و بنـدگان را در هـر حالـت کمـک مـی کنـد مشـروط بـر اینکـه بنـده در راه زندگـی آبرومنـد و آزادی تـلاش ورزد. مهمتریـن تـلاش در راه زندگـی رسیدن بـه ایمـان و خـدا پرستی اسـت.

سُورَةُ المَاعون

مقدمه

سورهٔ مکی است و هفت آیه است. ماعون معانی مختلف دارد اما درین سوره یعنی یک چیز کم و بی ارزش، یاهر چیز که یک نیازمندی کوچک را رفع کند مانند اسباب خانه. این سوره هشداری است برای آنانیکه ایمان را نشناخته اند یا منافق هستند. درویش را طعام نمی دهند. آیات خدا را دروغ می شمارند. از نماز غافل هستند و یا نماز را از روی ریا میخوانند. اساساً این سوره مسلمان را به عبادات واقعی و براستی بدون ریا دعوت می کند. امام غزالی این سوره را مروارید عمل نام نهاده است. کسی که در خواب بیند که این سوره را تلاوت می کند با اهل دین و دیانت هم نشینی می کند.

بِسمِ اللهِ الرَّحمَنِ الرَّحِیمِ

أَرَءَیْتَ الَّذِی یُکَذِّبُ بِالدِّینِ (۱)

معنی: آیا آن کسی را که دین را تکذیب میکند دیدی؟

تفسیر: دین درین آیه معانی مختلف دارد. طور مثال روز جزا، تکذیب حق از باطل و روز قیامت. اما بهترین معنی همانا دین است. کسی که دین را تکذیب می کند اینها خود را از دایره خلقت به دور می کنند. به روز آخرت ایمان ندارند و همین ها باعث تباهی می شوند.

فَذَلِکَ الَّذِی یَدُعُّ الْیَتِیمَ (۲)

معنی: این همان کسی است که یتیم را به اهانت می راند.

تفسیر: آنانیکه در عمق دین نیستند به یتیم توجه ندارند. مال یتیم را میخورند. دست یتیم و ضعیف را نمیگیرد با اینکه ثروت سرشار دارد. به یتیم به نظر حقارت مینگرد. جزای این اشخاص سنگین است.

وَلَا یَحُضُّ عَلَی طَعَامِ الْمِسْکِینِ (۳)

معنی: و به طعام دادن بینوا تشویق نمی کند.

تفسیر: دین اسلام، دین عدالت اجتماعی است و بزرگترین عدالت این است که مردم به هم نوع خود مخصوصاً که بینوا باشد رسیدگی کند. اسلام شدید مخالف فقر در جامعه است و مردم را تشویق میکند که به تشبث خود به خاطر ایمان شان به خداوند به فقیر و بینوا رسیدگی کند.

فَوَيْلٌ لِّلْمُصَلِّينَ (٤)

معنی: پس وای بر نماز گزاران.

تفسیر: اشاره درین جا از نماز گزاران است که هدف نماز خواندن را ندانسته اند و هدف اساسی عبادت را ندانسته اند که عبادت اساساً خدمت به خلق خداست. درین مورد خواجه عبدالله انصاری پیر طریقت زیبا گفته است که

عبادت به جز خدمت خلق نیست

به تسبیح و سجاده و دلق نیست

پرسیدند پس نماز و روزه و این ها چه هستند؟ گفت: اینها اطاعت هستند که باید بنده برای نزدیک شدن به خدا انجام دهد تا انوار حق بگیرد. واقعاً خداوند به روزه و نماز ما نیازمند نیست. روزه و نماز که ما از خلق خدا غافل باشیم چه سود؟

اَلَّذِينَ هُمْ عَن صَلَاتِهِمْ سَاهُونَ (٥)

معنی: که از نماز شان غافل هستند.

تفسیر: درین جا هدف آن نماز گزاران است که هدف اصلی نماز خواندن را ندانسته اند و غافل هستند که نه تنها که نماز شان باید ایشان را از بدی ها پاک کند بلکه توجه کنند به مسئولیت های اجتماعی و خانوادگی. اویکه نماز میخواند و از اولاد خود خبر ندارد. نماز میخواند و اما از همسایه خبر ندارد. نماز میخواند و از فقیر و بینوا خبر ندارد اساساً از نماز غافل است.

اَلَّذِينَ هُمْ يُرَآءُونَ (٦)

معنی: آنانیکه ریا می کنند.

تفسیر: یکی از صفت های بی ایمانی ریا است و ریا کار از منافقین است. در دل مسلمان نیست و برای خودنمایی در جامعه عمل میکند و سزای منافق بسیار سنگین است. ما سیاسیون ریاکار داریم که حقانیت قرآن را میدانند و اما در عمل پیاده نمی کنند و یا طرق عملی آنرا جستجو نمی کنند.

وَيَمْنَعُونَ ٱلْمَاعُونَ (٧)

معنی: و از رفع نیاز دیگران دریغ میکنند.

تفسیر: مردمان که ایمان ضعیف دارند در خدمت خلق خدا نیستند. از خدمت به خلق دریغ میکنند. بهانه جویی میکنند زیرا اینها هدف اصلی خدا پرستی را ندانسته اند.

سُورَةُ الكَوثَر

مقدمه

در مکه نازل شده است و سه آیه دارد. این سوره کوتاه ترین سورهٔ قرآن مجید است. باینکه سوره های عصر و نصر هم سه آیه دارد و اما از نگاه واژه های قرآنی این سوره کوتاه ترین است. کوثر یعنی چشمه یی که در بهشت است. کوثر «خیر فراوان» هم معنی میدهد که برای مومنان در بهشت می رسد. اما این خیر معنوی و روحی است نه مادی. چشمه ای بهشت یعنی خیر فراوان که مانند یک چشمه آب آن جاری است. حضرت رسول کریم در مورد این سوره فرموده است که « نهری است در بهشت، سفید تر از شیر و صافتر از قدح (بلور) که در دو طرف آن قُبه های از دُر و یاقوت است. کسی که در خواب بیند که کوثر میخواند مال و نعمت فراوان بدست می آرد.

بِسمِ ٱللهِ ٱلرَّحمَنِ ٱلرَّحِيمِ

إِنَّآ أَعطَينَكَ ٱلكَوثَرَ (۱)

معنی: بی تردید ما به تو خیر فراوان دادیم.

تفسیر: قسمیکه در مقدمه گفتیم کوثر چشمهٔ بزرگ خیر و برکت است که به پیامبر ص اعطا کرد. درین چشمه علم و حکمت و هدایت و عدالت نهفته است که هر یک برای رهنمایی مردم از بهشت و عرش عظیم طرح شد و توسط رسول کریم به بشریت رسانده شد.

فَصَلِّ لِرَبِّكَ وَٱنحَرَ (۲)

معنی: بنابرین برای پروردگارت نماز گزار و قربانی کن.

تفسیر: درین جا از پیامبر میخواهد که به خاطر این همه نعمت ها نماز گزارد و قربانی کند یعنی نذر کند. آیه چون به بشریت نازل شده است برای ماست که در مقابل نعمت های خداوند شکر گزار باشیم و برای خداوند که این همه نعمت را به ما ارزانی کرده نماز گزاریم و شکر گوییم و به خاطر این همه نعمت که ارزانی داشته در راه خدا قربانی کنیم. در قبل از اسلام قربانی بین مردم بود و اما به راه نادرست مثلیکه برای بتان قربانی میکردند. اسلام دید و بینش قربانی را تغییر داد و آن اینکه ما تنها در راه خدا قربانی می کنیم که اساساً خدمت به مردم کرده

باشیم. توجه کنید طور مثال که گوشت قربانی به مردم توزیع می شود. با ادای نماز نه تنها که شما شکرگزاری می کنید در عین زمان هر نوع شرک را رد می کنید.

إِنَّ شَانِئَكَ هُوَ ٱلْأَبْتَرُ (٣)

معنی: اویکه از تو نفرت دارد، امید آینده اش قطع می شود.

تفسیر: این آیه در اکثر تفاسیر تحت الفظ معنی شده و یک معنی مضحک را ارایه کرده اند یعنی دشمن تو دُم بریده است. یا بدون نسل است که این همه معانی نادرست و مفهوم آیه را قطعآ نمی رساند. بهترین معنی و دقیق ترین معنی از علامه یوسف علی است که به زبان انگلیسی است و اما متاسفانه چند تن ملای که به واژه شناسی علمی عربی دسترس نداشتند، ترجمه مرحوم صباح الدین کشککی را دست زده اند و همان معنی غلط را نوشته اند. اصل معنی آیه همان است که در بالا نوشتیم. درین آیهٔ کوتاه خداوند آموزگار زیرا واژه « رَب» در آیه آمده است نه واژه الله به پیامبر می گوید که تو پریشان نباش آنانیکه از تو به خاطر حقانیت و عدالت نفرت دارند امید شان را قطع می کند و اینده ندارند. همان هم شد که کفار بسیار نا امید شدند وقتی مکه فتح شد.

سُورَةُ الكافِرون

مقدمه

سورهٔ مکـی اسـت و شـش آیـه دارد. سـوره مـی رسـاند کـه در راسـتای حقانیت دیـن و ایمـان بـه هیـچ صورت مصالحه صورت نمیگیرد. همچنـان ایـن سوره واضـح مـی رسـاند همانطوریکـه دیـن و حقانیت خدا مصالحه نمی شـود در عیـن زمـان هیـچ کـس نبایـد بـه خاطـر ایمـان و عقیده اش محکمـه شـود و یـا در مقابـل او خـلاف رفتـاری صورت گیـرد. ایـن یکـی از سـوره هـای است کـه اکثـر مسـلمانان از بردارنـد و در نمـاز هـا میخواننـد. حضـرت رسـول کریـم در وصـف ایـن سوره فرمـوده است کـه کسـی کـه سـورهٔ قل یا ایهـا الکافـرون را بخوانـد گویـی ربـع قرآن را خوانـده است و شـیطان ظغیانگـر از او دور مـی شـود و از شـرک پـاک مـی گـردد و از فـزغ (روز قیامـت) در امان خواهـد بـود. کسـی خـواب بینـد کـه کافرون میخوانـد بـه خیـرات موفـق مـی شـود و جهاد مـی کنـد.

بِسمِ ٱللهِ ٱلرَّحمَٰنِ ٱلرَّحِیمِ

قُل یَٰٓأَیُّهَا ٱلۡکَٰفِرُونَ (۱)

معنی: ای کسانیکه ایمان را رد می کنید (کافران).

تفسیر: ایمـان یـک موضـوع عقلـی و تفکـری اسـت و آنـان کـه بسـیار عمیـق بـه آن بـه تفکـر مـی پردازنـد مـی تواننـد ایمان بـه خدا را درک کننـد. اینجـا بـه کفـار کـه ایمـان بـه خدا را رد مـی کننـد خطاب مـی کنـد.

لَآ أَعۡبُدُ مَا تَعۡبُدُونَ (۲)

معنی : من آنچه را شما می پرستید نمی پرستم.

تفسیر: ایـن آیـه دموکراتیـک بـودن اسلام را مـی رسـاند کـه بـه مخالفیـن مـی گویـد کـه شـما ازاد هسـتید هرآنچـه مـی پرستید و امـا توقع نداشـته باشـید چیزی را کـه شـما مـی پرستید من هـم بپرسـتم. نخیـر! چیـزی را کـه تـو مـی پرسـتی من نمی پرستم. تـو بـت و سـنگ و چـوب مـی پرسـتی و مـن الله متعـال را.

وَلَآ أَنتُمۡ عَٰبِدُونَ مَآ أَعۡبُدُ (۳)

معنی: و نه شما چیزیکه را می پرستید، من می پرستم.

تفسیر: اسـلام دیـن تفاهـم اسـت. بـه کفـار خطـاب مـی کنـد، تکرار، کـه

چیزیکه شما می پرستید من نمی پرستم. یعنی من حالا حقیقت را پیدا کردم.

وَلَآ أَنَا۟ عَابِدٌ مَّا عَبَدتُّمْ (٤)

معنی: و من پرستنده ای چیزی نیستم که شما پرستیده اید.

تفسیر: اینجا خداوند حق را از باطل تفکیک می کند و برای کفار خاطر نشان میکند که پیامبر چیزی را نمی پرستد که شما در طول تاریخ پرستیده اید.

وَلَآ أَنتُمْ عَابِدُونَ مَآ أَعْبُدُ (٥)

معنی: و نه شما پرستنده ای چیزی هستید که من می پرستم.

تفسیر: به کفار واضح و روشن ابراز می کند که شما نمی خواهید موجود که پیامبر می پرستد پرستش کنید و این به پیامبر مربوط نیست. یعنی وظیفه پیامبر تحمیل دین نیست.

لَكُمْ دِينُكُمْ وَلِيَ دِينِ (٦)

معنی: شما را دین تان و من را دین ام.

تفسیر: بلاخره به کفار می گوید که آنها را دین کفر آمیز شان و محمد ص را دین توحیدی او. این آیه به وضاحت می رساند که دین تحمیل نمی شود و اینکه در کشور های اسلامی دین را تحمیل می کنند خلاف قران است. وظیفۀ حکومت اسلامی تحمیل دین نیست بلکه تطبیق اصول قانونی برای رفاه مردم در راستای اقتصاد آموزش و پرورش و امنیت مردم است. این آیه در روابط بین المللی نهایت مهم است زیرا دین غیر مسلمان را به رسمیت می شناسد نه اینکه دیگر ادیان را حتی که کفر باشد توهین و تحقیر کند.

سُورَةُ النّصر

مقدمه

سورهٔ مدنی است یعنی در مدینه نازل شده است و داری سه آیه می باشد. این سوره بشارت از فتح عظیم می دهد که همانا فتح مکه است. گفته می شود که تاریخ نزول این سوره دو ماه قبل از رحلت بوده است. چون مکه فتح می شود مردم عرب گروه گروه به اسلام روی می آورند. و دلیل آن تنها فتح مکه نیست. یک دلیل دیگررا هم مورخین می نویسند که عرب چنین اعتقاد داشت که اگر محمد ص پیامبر بر حق باشد مکه را تسخیر می کند. پس این سوره حقانیت پیامبر (ص) را برای عرب ثابت می سازد. در باره فضیلت این سوره رسول کریم (ص) فرموده است که کسی که این سوره را تلاوت کند همانند این است که همرکاب او در فتح مکه بوده است. امام غزالی این سوره را مروارید عمل نامگذاری کرده است. این سوره، سوره فتح هم گفته شده است. اگر کسی در خواب بیند که این سوره را میخواند به فتح و پیروزی نایل می شود.

بِسمِ ٱللهِ ٱلرَّحمَنِ ٱلرَّحِیمِ

إِذَا جَاءَ نَصرُ ٱللَّهِ وَٱلْفَتْحُ (۱)

معنی: آنگاه که یاری خداوند و پیروزی فرا رسید.

تفسیر: هدف از فتح مکه است که محمد (ص) با قشون عظیم مسلمانان از مدینه که هجرت کرده بود برگشت و مکه را فتح کرد. قریش و کفار بدون مقاومت تسلیم شدند. محمد (ص) درین فتح بزرگ همه را مورد بخشش قرار داد.

وَرَأَیْتَ ٱلنَّاسَ یَدْخُلُونَ فِی دِینِ ٱللَّهِ أَفْوَاجًا (۲)

معنی: و دیدی که مردم جوقه جوقه به دین خدا مشرف شدند.

تفسیر: کعبه از شرک و بت پرستی پاک شد و مردم به تشبث خود گروه گروه به اسلام روی آوردند. حقانیت خدا و رسالت پیامبر را درک کردند.

فَسَبِّحْ بِحَمْدِ رَبِّکَ وَٱسْتَغْفِرْهُ إِنَّهُ کَانَ تَوَّابًا (۳)

معنی: پس پروردگارت را سپاسگزار باش و آمرزش بخواه، حقا که او توبه پذیر است.

تفسیر: به حرمت اینکه خداوند ما را به توحید آشنا کرد و ما را از شرک

و جهالت نجات داد باید خداوند را به پاکی یاد کنیم و سپاسگزار باشیم و از گناهان توبه کنیم که خداوند توبه پذیر است.

سُورَةُ لهب / المَسَد

مقدمه

سورهٔ مکی است و دارای پنج آیه است. این سوره یکی از سوره های مهم در تاریخ اسلام است برای اینکه سوره از غضب عموی پیامبر (ص)، ابولهب عبدالعزی بن عبدلمطلب بر علیه پیامبر (ص) حکایه دارد. ابو لهب پدر شعله های آتش معنی میدهد. ابولهب شدید مخالف پیامبر بود و از هیچگونه اذیت و آزار خود داری نمیکرد. این داستان به ما می گوید که امروز در خانواده های ما می تواند یک ابولهب باشد که مخالف اسلام و تبلیغ راه حق باشند. نکتهٔ آموزشی این است که غضب و خشم نمی تواند راه حق را مسدود کند و کسی که سد راه حقانیت می شوند خود شان تباه می شوند. اگر کسی خواب بیند که سورهٔ لهب میخواند حیله گر و فریبکار است. این سوره به نام تَبَّت هم یاد میشود.

بِسِمِ ٱللّٰهِ ٱلرَّحمٰنِ ٱلرَّحِیمِ

تَبَّتْ یَدَآ أَبِی لَهَبٍ وَتَبَّ (١)

معنی: دستان پدر شعله های آتش بریده شد ومرگ بر او باد.

تفسیر: یک موضوع که قرآن بسیار وضاحت دارد و راه گریز وجود ندارد جزای سنگین است که برای آنان که در مقابل خدا و رسول خدا عصیان کردند و یا امروز می کنند. ابولهب با اینکه یک داستان واقعی تاریخ اسلام است و مخالفت عموی پیامبر را نشان میدهد و اما درس آموزنده است که در هر زمان می توان یک ابولهب را سراغ کرد. در تلویزیون های افغانی ابولهب ها عرض اندام کردند. دیریا زود به سزای اعمال خود می رسند. ابولهب ها نمی توانند حق را بپوشانند و هر قدر مخالفت کنند اسلام قوی تر می شود و مسلمانان بیدار تر.

مَآ أَغْنَیٰ عَنْهُ مَالُهُ وَمَا کَسَبَ (٢)

معنی: مال و ثروت او را نجات نداد.

تفسیر: غافلان همیشه تصور میکنند که مال و ثروت می تواند ایشان را از عذاب خداوند نجات دهد و این یک تصور بسیار غیر عاقلانه است. فرعون و قارون هم ثروت داشتند و اما نجات نیافتند. تنها با قبول ایمان است که دریـن دنیا و در آخرت می توانیم نجات پیدا کنیم.

سَیَصْلَیٰ نَارًا ذَاتَ لَهَبٍ (۳)

معنی: به زودی داخل آتش شعله ور می شود.

تفسیر: جزای آنانیکه دیـن را مسـخره میکنند و آیات خدا را تکذیـب مـی کننـد و خـدا را نمـی شناسـند و رسـول خـدا را دروغگـو خطـاب مـی کننـد جـاگاه شـان آتـش است.

وَامْرَأَتُهُ ۥ حَمَّالَةَ ٱلْحَطَبِ (٤)

معنی: و همسرش هم، بار هیزم آتش را به دوش میکشد.

تفسـیر: همسـر ابولهـب بـا او دریـن جنایـت و خیانـت شـریک بـود و او هـم ماننـد شـوهرش بـار هیزم سـوزان آتـش را بـه خـود مـی کشـد و در آتـش دوزخ مـی سـوزد. ایـن آیـه نشـان میدهـد کـه زنـان مـی تواننـد اسـتقلال فکـری خـود را داشـته باشـند و در راه شـرک و کفـر نبایـد از همسـران شـان پشـتیبانی کننـد و امـا همسـر ابولهـب ایـن کار را نکـرد و بـه ماننـد همسـرش بـی راه بـود. زنـان هـم حـق دارنـد کـه شـوهران شـان را امـر بـه معـروف کننـد و امـا همسـر ابولهـب ایـن کار نکـرد و آتـش را ترجیـح داد.

فِی جِیدِهَا حَبْلٌ مِّن مَّسَدٍ (٥)

معنی: به گردنش ریسمانی از لیف خرماست.

تفسـیر: در مـورد آیـه پنجم ایـن سـوره تفاسـیر متعـدد وجـود دارد. درسـت تریـن ایـن اسـت کـه زنـان اشـرافی بـا زیـوارت خـود را آراسـته میکردنـد و طنـاب لیـف خرمـا اشـاره تحقیـر آمیـز اسـت کـه بـرای همچـو زنـان کـه در دوزخ طنابـی از لیـف خرمـا مزیـن در گـردن خواهنـد داشـت. لیـف خرمـا سـختی و درشـتی خـودش را دارد کـه بـا آتـش دوزخ سـنگینی صـد چنـد مـی شـود و طاقـت فرسـا.

سُورَةُ الإخلاص

مقدمه

سورهٔ مکی است و چهار آیه دارد. می توان گفت که یکی از مهمترین سوره های قرآن مجید است زیرا توحید خاص را بیان می کند. توحید امروز در اثر پیشرفت ساینس و تکنالوژی میدانیم که نه تنها که خدا خداست همه جهان هستی و انسان و علم هم یکی است.و مهمتر اینکه همه با هم یک بافت دارد و هیچ چیز از هم جدا نیست. همچنان کسان که تفکر توحیدی دارند این است که همه تفکرات خارج از خدا پرستی باطل است زیرا همه و همه شامل تفکر توحیدی است. یعنی قانون خدا و قانون طبیعت هر دو یکی است و انسان جزء همین خلقت است. پس انسان نمی تواند از دایرهٔ توحید بیرون شود و اگر بیرون شود خودش را به دست خود هلاک می کند. این سوره معادل یک سوم قرآن مجید است و از همین سبب در ختم ها تلاوت می شود زیرا همه عقاید و احکام را در بر دارد. این سوره به نام سورهٔ اخلاص و توحید مسمی است. رسول خدا (ص) فرموده است به خدا و روز قیامت ایمان دارد خواندن سورهٔ قل هوالله احد را بعد از هر نماز ترک نکند چرا کس آنرا بخواند خیر دنیا و آخرت نصیبش می شود و خودش و پدر و مادرش و فرزندانش را می آمرزد. امام غزالی این سوره را گوهر علم نام نهاده است.هر کس خواب بیند که اخلاص را میخواند در ایمان و توحید بی نظیر است.

بِسْمِ ٱللَّهِ ٱلرَّحْمَٰنِ ٱلرَّحِيمِ

قُلْ هُوَ ٱللَّهُ أَحَدٌ (۱)

معنی: بگو خداوند یکتا و یگانه است.

تفسیر: خداوند یکه و یگانه است و شریک ندارد. دیده نمی شودو لمس نمی شود. خلق به او نیاز دارد و اما او بی نیاز است. خداوند خالق همه جهان هستی و قانون دهنده جهان هستی است.

ٱللَّهُ ٱلصَّمَدُ (۲)

معنی: الله که بی نیاز است وهمه به او نیازمند هستند.

تفسیر: الله نام خاص است و نمایندگی از وحدانیت یعنی یگانگی خداوند میکند. الله بی نیاز است و اما مخلوق به او نیاز دارد. صمد یعنی بی نیاز از همه چیز است. همه در نزد اوست و تصمیم گیرنده ای واقعی خداوند

است.

لَمْ یَلِدْ وَلَمْ یُولَدْ (۳)

معنی: نه زاده و زاده نشده است.

تفسیر: خداوند مانند انسان نیست که خودش زاده کند و اما دیگران را خلق می کند. و از موجودی دیگر زاده نشده است. این آیه به رد آنانیکه به تثلیث اعتقاد داشتند و دارند نازل شد. همچنان آنانیکه می گفتند خداوند دختر دارد و ملایک دختران خدا هستند. آیهٔ سوم پاکی و منزه بودن ذات اقدس الهی را بیان می کند.

وَلَمْ یَکُن لَّهُ ۥ کُفُوًا أَحَدٌ (٤)

معنی: و برای او احدی همتا و همگون نیست.

تفسیر: هیچ موجودی دیگری قدرت و عظمت خداوند را ندارد و هیچ موجودی شبیه خداوند نیست. خداوند صفات خاص دارد که دیگران شریک شده نمی توانند.

سُورَةُ الفَلَق

مقدمه

این سوره شامل پنج آیه می باشد. اینکه این سوره مکی است و یا مدنی نظریات متفاوت وجود دارد. برخی این سوره را گویند که در مدینه نازل شده و برخی گویند که در مکه. در فضیلت این سوره رسول اکرم (ص) فرموده است: آیاتی بر من نازل شده که مانند آنها نازل نشده است و آن المعوذتان است یعنی سوره فلق و الناس. همچنان حضرت رسول کریم (ص) توصیه کرده که این دو سوره را در نمازفجر و وقتی شبانه خواب می کنید بخوانید. کسی که در خواب بیند که سوره فلق میخواند از شر جادوگران در امان می باشد.

بِسمِ ٱللهِ ٱلرَّحمَنِ ٱلرَّحِیمِ

قُلْ أَعُوذُ بِرَبِّ ٱلْفَلَقِ (۱)

معنی: بگو پناه می برم به پروردگار سپیده دم.

تفسیر: حکمت صبح درین است که از تاریکی شب بیرون می شود. روشنایی، خود، نور خداست. و خداوند از تاریکی روشنایی را پدید آورد. با دمیدن سپیده دم نه تنها که از نگاه نجومی روز می شود در عین زمان پروردگار بزرگی و عظمت خود را به جهانیان نمایان میکند. صبح یعنی روز که خداوند به ما بخشیده است تا از نعمت هایش مستفید شویم و امید خود را برای زندگی بهتر استوار کنیم. روشنایی یعنی از جهل و ظلمت نجات یافتن است.

مِن شَرِّ مَا خَلَقَ (۲)

معنی: از شر آنچه آفریده است.

تفسیر: شر دو نوع است. اخلاقی مانند فساد اخلاقی، دزدی، و غیره و شر طبیعی. هدف از آیه شر طبیعی است که خداوند برای بقای جهان هستی آفریده است. طور مثال یک حکمت در آب خیزی است و یا زلزله که ما نمی دانیم. اما خداوند خواسته است تا ما ازین شر مصئون باشیم. شر اخلاقی بدست انسان است و حق از باطل تفکیک شده است و اگر کسی به شر اخلاقی مبادرت می ورزد گناه بزرگ را مرتکب می شود. یعنی در شر اخلاقی خود انسان مسئول است. اما در شر طبیعی انسان مسئول نیست.

وَمِن شَرِّ غَاسِقٍ إِذَا وَقَبَ (۳)

معنی: و از شر تاریکی وقتی گسترش می یابد.

تفسیر: غاسق تاریکی بعد از غروب است. درین جا هدف از تاریکی ظلمت و جهل و عصیان است که خداوند خواسته است تا بنده مومن در گیر آن نشود. و وقتی ظلم و ظلمت گسترش می یابد انسان که ایمان ضعیف دارد در دام می افتد زیرا اراده نفس و عقل را از دست میدهد.

وَمِن شَرِّ ٱلنَّفَّٰثَٰتِ فِى ٱلْعُقَدِ (٤)

معنی: از شر آنانیکه می دمند.

تفسیر: در اصل واژه النفثت ازماده نَفَث بر وزن حبس به معنی ریختن مقدار کمی آب از دهن است. و این کار با دمیدن صورت میگیرد. نَفَث به معنی نفخ یعنی دمیدن هم است. چون نفاثات جمع مونث نفثه است مفسرین آیه را به جادوگران زن تفسیر کرده اند در حالیکه مردان ساحر هم داریم. پس بهتر است آیه را به اساس ریشه لغت معنی کنیم یعنی دمیدن معنوی چنانچه رسول کریم فرمود « ان الـروح الامیـن نفـث فـی روعی». پس از شر آنانیکه می دمند چه مرد باشد یا زن.

وَمِن شَرِّ حَاسِدٍ إِذَا حَسَدَ (٥)

معنی: و از شر حسود که چون حسد می ورزد.

تفسیر: حسادت یک مرض روحی و عقلانی است و خداوند مردم را از حسادت نجات دهد. حسادت خانمانسوز است و می تواند یک شخص یا خانواده را تباه کند. این تکلیف به جزء از طریق ایمان به خداوند علاج دیگری ندارد. یگانه کاری که ما می توانیم بکنیم که هیچوقت حسادت کسی را تحریک نکنیم.

سُورَةُ النَّاس

مقدمه

سورهٔ النـاس هـم، ماننـد سـورهٔ فلـق در مـورد مکـی بـودن و مدنی بـودن آن اختـلاف نظـر اسـت. دارای شـش آیـه اسـت. در تفسیر کابلـی ایـن سوره را مدنـی گفتـه انـد و در تفسـیر یوسف علـی مکی گفتـه انـد. النـاس یعنی مـردم. ایـن سـوره اعتمـاد بـه خداونـد را مطـرح مـی کنـد نـه تکیـه کـردن بـه انسـان را، یعنـی در امـور مـا بایـد بـه خداونـد اعتمـاد کنیـم. از وسوسـه هـای شیطانی هشـدار میدهـد. انسـان مومـن همیشـه بایـد بـه خداونـد پناه بـرد. ایـن سـوره را امـام غزالی مرواریـد عمـل نـام نهـاده اسـت. ایـن سـوره ختـم قـرآن مجیـد اسـت و در ختمانـه هـا همیشـه خوانـده میشـود. کسـی کـه در خـواب بینـد سورهٔ الناس را میخوانـد خداونـد او را از خشـم و کینـه افـراد شـریر حفـظ مـی کنـد.

بِسمِ ٱللّٰهِ ٱلرَّحمٰنِ ٱلرَّحیمِ

قُلْ أَعُوذُ بِرَبِّ ٱلنَّاسِ (۱)

معنی: بگو پناه می برم به پروردگار مردم.

تفسیر: خداونـد پـروردگار همـه مـردم اسـت. مـردم مخلـوق هسـتند و خداونـد خالـق اسـت. ازینجاسـت کـه مـا در همـه امـور بـه خالـق رجـوع مـی کنیـم. خداونـد مظهر همـه خوبـی هاسـت. دسـت گیرنـده اسـت. غفـور اسـت و رحمن و رحیـم اسـت. پنـاه بـه موجـودی مـی بریـم کـه همـه هسـتی و نیسـتی مـا در یـد اوسـت.

مَلِكِ ٱلنَّاسِ (۲)

معنی: به فرمانروای مردم.

تفسـیر: از نـگاه توحیـد مـا از آن خداییـم. فرمانـروای مـا خداونـد اسـت. بـه هیـچ موجـودی تسـلیم نیسـتیم بـه جـزء خداونـد متعـال.

إِلَٰهِ ٱلنَّاسِ (۳)

معنی: به معبود مردم.

تفسـیر: معبـود موجـود اسـت کـه مـا تنهـا او را عبـادت مـی کنیـم و عبـادت سـزاوار کسـی دیگـر نیسـت.

مِن شَرِّ ٱلۡوَسۡوَاسِ ٱلۡخَنَّاسِ (٤)

معنی: از شر وسواس پنهان شونده

تفسیر: وسوسه هاس شیطانی که در سینه ها جا میگیرد و انسان را زیر نفوذ قرار میدهد. انسان مومن که در راه حق باشد و اطاعت از حق کند وسوسه به او راه نمی یابد.

ٱلَّذِی یُوَسۡوِسُ فِی صُدُورِ ٱلنَّاسِ (٥)

معنی: همان کسانیکه در قلب های انسانها وسوسه می کند.

تفسیر: وسوسه وقتی گریبانگیر ما می شود که ما دفعتا خود را فراموش می کنیم که مخلوق هستیم و خداوند ناظر ماست و از ما حمایه می کند. این عمل وسوسه توسط شیطان و انسان های بی ایمان زود تاثیر می کند اگر ما خدا را از قلب خود دور سازیم و اعتماد نکنیم.

مِنَ ٱلۡجِنَّةِ وَٱلنَّاسِ (٦)

معنی: از جنیان و آدمیان.

تفسیر: بلی! جن و انس وسوسه خلق میکند و ما ازین وسوسه گران به خداوند متعال پناه می بریم.

الها پروردگارا!

از من حقیر و فقیر و سراپا تقصیر قبول کن و من را در جملهٔ صالحین و شاکرین و صدیقین در روز حشر قرار ده و در آخرت شرمنده نساز. به تو ایمان داریم، به آیات که برای سعادت ما نازل کردی ایمان داریم، به پیامبران که برای رهنمایی ما فرستادی ایمان داریم، به روز آخرت و بازپرس ایمان داریم. پروردگارا از گناهان ما درگذرو به غفوری و رحیمی بی انتاهیت ما را مورد عفوه قرار ده. آمین

ختم جزء سی ام مورخ
هفدهم ماه محرم ۱۴۴۵ هجری قمری
مطابق یازدهم اسد/مرداد ۱۴۰۲ هجری خورشیدی
مصادف به دوم ماه آگست ۲۰۲۳ مسیحی
.